33 ideas para innovar en HR

JUAN ANTONIO GÓMEZ

33 IDEAS PARA INNOVAR EN HR

Superar mediante la Innovación los retos del presente y el futuro de los Recursos Humanos y la gestión de personas

MEJORAR LA EXPERIENCIA DE EMPLEADO /A, REINVENTAR TU FUTURO PROFESIONAL EN RR. HH. O APROVECHAR LA DISRUPCIÓN DE LAS INTELIGENCIAS ARTIFICIALES

Dedicado a Daniela Ruiz,
mi mujer, mi socia, mi partner y mi compañera,
por seguir impulsándome a ser mejor persona.

Dedicado a Laura López, Judith Bernal,
María Boggiero y Mónica Calderón,
compañeras vitales y amigas
que especialmente me han inspirado
y ayudado para llegar hasta aquí.

ÍNDICE DE CONTENIDOS

ÍNDICE DE TABLA DE ILUSTRACIONES

INTRODUCCIÓN

Nos encontramos en tiempos de problemas complejos en los entornos profesionales y en las áreas de gestión de personas. La cantidad de factores críticos a la hora de trabajar como profesional de HR se incrementa diariamente. Factores como la pandemia, la gran resignación, la multiculturalidad, trabajo remoto versus presencialidad, la lucha por el talento, la digitalización, los entornos multigeneracionales o las inteligencias artificiales como ChatGPT, ponen en peligro o en transformación algunos de nuestros roles y retan constantemente nuestra vida profesional.

Y eso puede tener consecuencias en ti. En primer lugar, ansiedad por no poder dedicar tiempo a lo importante: las personas. En segundo lugar, estrés por no poder llegar a todo, cuando todo se ha convertido en urgente e importante. En tercer lugar, frustración porque quizá estás poniendo en duda si esta es la vida profesional que soñabas cuando decidiste dedicarte a las personas en las organizaciones.

Desde esta realidad, no creo que tenga que convencerte de que es necesario hacer algo, y que este algo sea diferente y te aporte valor. Lo que te propongo en este libro es INNOVAR. Bueno, realmente te propongo 3 cosas: SER innovación, HACER Innovación y PENSAR como una persona innovadora −Mindset−.

Ser innovación para recuperar tu **propósito de vida y profesional**, para refrescar tu **visión** y tu **sueño** en HR. Hacer innovación para **optimizar**, quizá para **superarte** o para **transformar tu rol o** para ofrecer **servicios impresionantes**. Tener el Mindset para prepararte para un futuro que ya ha llegado y **liderar una transformación** que ya es presente.

Por otro lado, espero que tampoco tenga que convencerte de que la innovación debe estar centrada en las personas, en ti, en tus colaboradores/as y en poder mejorar la **experiencia como empleadas/os −EX−**. Desde mi punto de vista, aunque muchas de las innovaciones que viviremos vendrán desde la tecnología, las podremos considerar innovaciones si, en su aplicación, realmente mejoran la vida de las personas. Aquí está nuestra responsabilidad como profesionales en la gestión del talento de que así sea.

Desde este enfoque, en este libro he seleccionado como metodología de innovación y paradigma transversal de pensamiento el DesignThinking −DT− por varios motivos:

1. Porque el DT es «human-centric», o sea, está enfocado en resolver los problemas, dificultades y frustraciones que viven las personas. Esto nos asegura que las innovaciones que promuevas o construyas sean buenas para las personas que te rodean y para ti mismo/a. Harás innovación humanista.

2. Porque el DT permite generar soluciones totalmente a medida. Copiar lo que otros hacen o les funciona tampoco es una opción en tiempos de complejidad. Probablemente tendrás problemas supuestamente parecidos, pero tu entorno, tus factores críticos y tu situación profesional y de tu empresa son ÚNICOS. El cómo te influye a ti el

teletrabajo, cómo te influye a ti y a tu empresa las tecnologías o cómo te influyen a ti las inteligencias artificiales, etc., será diferente a cómo les influye a otras personas. Por tanto, mi propuesta para que generes las mejores soluciones para ti y para las mejores Experiencias de Empleado/a, es que sean a medida. Harás innovación customizada.

3. Porque DT es una metodología especialmente diseñada para entornos complejos con mucha incertidumbre. Esto implica que cuando conozcas esta metodología y la interiorices, podrás hacer frente a cualquier reto o problema que surja en tu rol, en tu departamento o en tu día a día. Serás innovación.

4. Porque DT requiere y ayuda a desarrollar unos valores humanos −Humildad, Generosidad, Autenticidad, Inteligencia Emocional, Empatía, Optimismo, etc.− imprescindibles para los tiempos que estamos viviendo y para los que llegarán. Serás una persona innovadora.

5. Porque DT te ayuda a desarrollar una mentalidad −DesignThinking Mindset−, especialmente útil para afrontar con éxito −Felicidad incausada, Paz Interior, Motivación intrínseca− situaciones difíciles y con mucha incertidumbre. Pensarás como un innovador/a.

Finalmente, deseo compartirte que este libro ofrece una aproximación a la innovación en las áreas de RR. HH. coherente con el primer valor del manifiesto Agile: ***«Valoramos a las personas y sus interacciones por encima de los procedimientos o las herramientas»***. Este paradigma y esta mentalidad a la hora de redactar el libro nos asegura que lo que aprenderás y conocerás es compatible con la Agilidad y, en concreto, con el rol de ProductOwner o Propietario de Producto.

Este libro es también la base de un curso formativo con una acreditación oficial en el mundo de la Agilidad en HR denominada **«ProductOwner-DesignThinking-EmployeeExperience»**. Puedes visitar la web hragile.online si te interesa formarte.

Espero que la innovación y el DesignThinking mejoren tu vida tanto como mejoraron la mía.

NOTA: Además del libro, dispones de un espacio virtual con recursos, ejercicios y material extra de este libro pulsando en el siguiente enlace: https://hragile.online/libroinnovacion. También puedes acceder escaneando con tu móvil el código BIDI siguiente:

CÓMO UTILIZAR ESTE LIBRO

Este libro está pensado para que lo leas de principio a final y, a ser posible, para que lo hagas aplicándolo con un proyecto sobre el que quieras innovar. Puede ser un proyecto en un área concreta de HR, la redefinición de un servicio que ofrecéis a los empleados/as, la mejora de la cultura de tu empresa o la reinvención de tu vida profesional si así lo deseas o necesitas.

Ahora bien, como quiero que también sea un libro de consulta, lo he organizado de tal forma que cada **idea** puede ser utilizada con independencia del resto. Por ejemplo, si en tu actual rol tienes la necesidad de «entender» una situación contigo o con los/as empleados/as, puedes buscar algunas de las herramientas de **«ENTENDER»** a las personas y utilizarlas. Si te surge la necesidad de resolver un problema con soluciones creativas y que aporten valor, puedes ir directamente a buscar algunas de las formas de **«IDEACION Y CREATIVIDAD»**. O si te surge la necesidad de **«PROTOTIPAR O TESTEAR»** con alguna idea que ya tienes y comprobar si es deseable por parte de «tus clientes internos», puedes ir al apartado correspondiente del libro y aprovechar aquella idea.

Por tanto, en este libro, además de un sistema o metodología para innovar, también encontrarás:

Ideas transversales de lo que supone innovar y de lo que es necesario para que suceda. Estas ideas te serán muy útiles no solo si innovas en ti, en tu departamento de recursos humanos o proyectos, sino si tienes que ayudar a que tu organización sea más innovadora.

Ideas con ejercicios personales, por ejemplo, para trabajar tu capacidad de generar ideas/soluciones o tu habilidad de **«creatividad».** Por cierto, respecto a las actividades personales propuestas, quizá te resulten difíciles de entender, o quizá muy sorprendentes, o quizá pienses que son inapropiadas o inútiles. **No importa.** La invitación no es a que las catalogues o las juzgues, **la invitación es a que las realices y las lleves a tu vida y a tu entorno laboral** y las experimentes. Es utilizándolas y experimentando como cobrarán sentido para ti y te demostrarán que funcionan. Intenta tener presente constantemente que la Innovación es una forma de pensar diferente a la que te han enseñado y con la que te han educado, y esto puede resultar incómodo.

Ejercicios prácticos. En esta línea te comparto aquí la tabla de algunos ejercicios que te propongo hacer durante la lectura del libro y que te permitirán interiorizar transversalmente lo aprendido. No solo quiero que aprendas y adquieras conocimiento, quiero que sepas como «hacer y SER innovación» y como llevar a tu práctica del día a día las mejores soluciones creativas a tus problemas o a tus retos en la Experiencia de Empleado/a:

ÍNDICE DE TABLA DE EJERCICIOS PRÁCTICOS

IDEA 1. LA INNOVACIÓN, TU ROL Y LA EXPERIENCIA DE EMPLEADO/A

El primer paso por el que vas a empezar será por comprender qué es innovación y, sobre todo, qué te han hecho creer que es. Por tanto, antes de seguir leyendo te invito a coger una libreta, un lápiz o bolígrafo y avanzar en la lectura solo tras responder a las siguientes preguntas y después de realizar el siguiente ejercicio de reflexión:

Ejercicio 1: «¿Qué es la innovación?»

¿Cuál es la primera palabra que pasa por tu pensamiento cuando piensas en «innovación»? Escríbela o piénsala.

Desde ahí, ¿cuál sería tu definición de innovación? Escríbela o visualízala mentalmente.

¿Está tu palabra o definición relacionada con «hacer algo diferente», con «imaginar algo que nadie ha hecho antes»?

¿Qué pensarías si te decimos que falta algo? ¿Crees que es suficiente con que lo que hagas sea novedoso para ser innovación? ¿Qué se te ocurre que falta?

Por supuesto que la innovación requiere crear algo nuevo –creatividad–, pero la creatividad por sí sola no es suficiente. El hecho de que sea algo novedoso no es suficiente. Para que algo sea innovación es imprescindible que aporte valor a alguien, y ese alguien te reconozca ese valor –por ejemplo, utilizando el servicio que le has ofrecido–.

Innovación es creatividad aplicada con éxito –crear algo nuevo–, de una forma en la cual añade valor al servicio, al producto o al negocio.

Pero innovar tiene «cualidades y requerimientos» que merecen ser destacados y que iremos explicando –y tú irás desarrollando– durante el libro:

- Innovar significa que harás cosas diferentes de una forma diferente.
- Innovar requiere conocimientos, técnicas y herramientas –en este libro las aprenderás–.
- Innovar requiere un cambio de tus hábitos que impacte en un cambio de tus comportamientos y que te lleven, por ejemplo, a ser más permisivo/a con resultados fallidos o con las personas, a promover la experimentación o a premiar el aprendizaje tanto como el éxito –te recomiendo hacer los ejercicios prácticos propuestos–.
- Innovar requiere del desarrollo de nuevas competencias y habilidades personales a la vez que profundizas en la integración de valores humanos como la confianza, la humildad, el trabajo en equipo, la empatía o la asertividad –es por ello por lo que te invito a que apliques los conocimientos del libro en un reto real de tu vida profesional–.

– Innovar requiere que desafíes el *statu quo* hasta crear una nueva cultura organizacional o, como mínimo, de tu departamento o equipo.

– Innovar requiere un cambio de paradigma y ampliar tu mentalidad.

– Innovar requiere el desarrollo de una actitud positiva y de una capacidad de trabajo en equipo. Para innovar necesitas crear, empoderar y comunicar.

– Innovar requiere aprender a aceptar la intuición como un buen aliado. En innovación, 1+1 es normalmente cualquier resultado diferente de 2.

Todo ello es necesario porque, a diferencia de la creatividad, la innovación no es una función individual. La innovación es una función organizacional. Es algo que harás en equipo. Es algo que harás junto con otras personas de tu equipo, de otras áreas y/o de otros departamentos. Es algo que harás junto a los empleados/as. Junto a tus clientes.

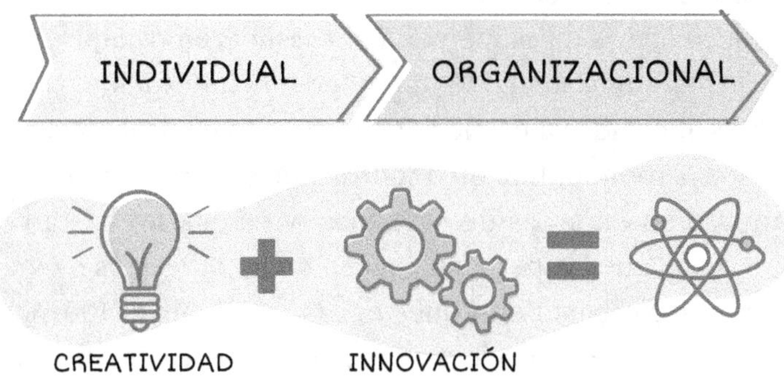

Ilustración 1: Creatividad versus Innovación

Ahora que ya sabes qué es innovación, puedes empezar a repasar lo que te habían contado al respecto y lo que tú te habías creído de todo ello. Quizá pensabas que con «inventar» algo novedoso ya estabas innovando, quizá pensabas que con que fuera algo «nuevo y llamativo» se podría considerar ya innovador −aunque no aportara valor a nadie−.

Realmente no sabrás si lo que estás haciendo −o estáis haciendo como equipo− es «innovador» hasta que las personas que reciben el servicio os lo digan directa o indirectamente. Por ejemplo, si innováis en un nuevo servicio o proceso de *onboarding* para vuestros empleados/as, sabréis si de verdad habéis innovado porque las personas que se incorporan os llamarán para deciros que el proceso les está resultando muy útil y beneficioso.

Si, por ejemplo, lo que sucede es que diseñáis una nueva «intranet para empleados/as» y solo un 5 % de las personas utilizan el servicio regularmente, por muy bonito, creativo, impactante y maravilloso que a ti te parezca o que como equipo os parezca, no hay innovación. E incluso si lo que sucede es que el 95 % de las personas a las que preguntáis os dicen que es un «superservicio», «superinnovador», pero luego solo lo usan el 5 %, tampoco hay innovación. No les habéis aportado valor. No habéis resuelto un problema real.

Por otro lado, hay otro factor decisivo para conseguir innovación en áreas de personas, y es que no basta con que sepas que las personas necesitan lo que estás o estáis creando. No basta con que tengas o tengáis el 100 % de certeza en que el servicio o producto que se está desarrollando es necesario para ellos y ellas, además tenéis que hacer una buena implementación de este. Esto es lo que diferencia a:

– Los equipos de HR o las personas de RR. HH. **INVENTORAS**. Personas o equipos que tienen muchas habilidades para llevar a la acción e implementar. Quizá tienen muchísimos conocimientos e incluso experiencias previas... pero no tienen la visión de lo que realmente necesitan los/as empleados/as actuales de la organización de hoy.

– Los equipos de HR o las personas de RR. HH. **VISIONARIAS**. Personas que brillan por su capacidad de entender lo que los/as empleados/as necesitan, sus frustraciones, sus obstáculos o sus necesidades. Personas que saben y conocen qué les daría satisfacción, pero que no tienen habilidades de implementación. La idea es buena, pero al llevarla a la acción fracasa.

– Los equipos de HR o las personas **INNOVADORAS**, que tienen ambas competencias. Visión e invención... además de ¡¡CREATIVIDAD!!

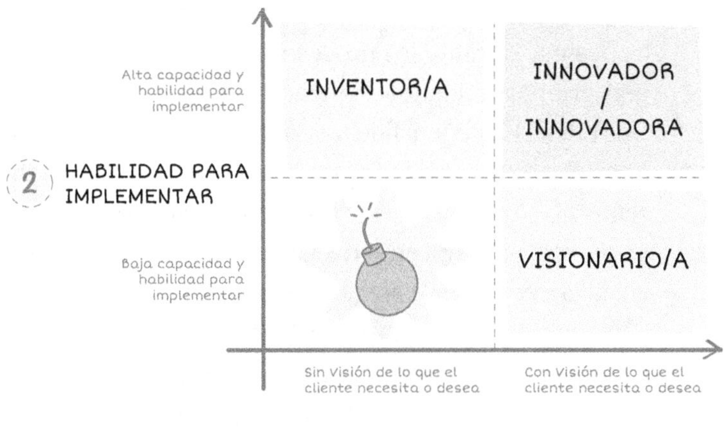

Ilustración 2: invención o visión versus Innovación

Ahora que ya sabemos lo que es innovación podemos sumergirnos en acordar una definición y características de lo que es la **Experiencia de Empleado/a o EX**.

Para nosotros, la **Experiencia de Empleado/a** es aquel conjunto de situaciones e interacciones —conversaciones, interpretaciones, percepciones y experiencias— que vive un/a empleado/a de nuestra organización desde antes de su incorporación hasta su salida, pasando por su contratación, su *onboarding*, su desarrollo, formación, crecimiento profesional, etc.

En esta experiencia incluimos sus pensamientos, respuestas emocionales, comportamientos, actitudes y estados de ánimo en cualquier de las etapas que antes hemos comentado.

No voy a entrar demasiado en obviedades, aunque sí creo que es importante resaltar por qué esta «experiencia» es importante y lo que sucede cuando es mala:

- Una EX adecuada atrae y motiva a las personas. Facilita los procesos de selección y reclutamiento. Cuando la EX es pésima, durante los procesos de selección podemos perder oportunidades de incorporar talento.
- Una buena EX genera fidelización, compromiso y *accountability* al reducir los índices de rotación y las tasas de absentismo. Cuando las personas viven pésimas experiencias en nuestra empresa en servicios ofrecidos desde HR, esto impacta directamente sobre su compromiso y proactividad.
- Está demostrado —libro de Jacob Morgan *Employee Experience Ädvantage*, editorial Wyley— que las empresas que invierten en una excelente programa de Experiencia de Empleado son hasta cuatro veces más rentables.
- Con mejores EX conseguimos mejor clima laboral y mejores resultados en las encuestas de riesgos psicosociales. Muchos de los «semáforos rojos» que aparecen en

determinadas encuestas de clima laboral o de riesgos psicosociales están relacionadas con malas experiencias vividas en el entorno de trabajo.

- Aumenta la calidad del trabajo realizado y de los entregables o «outcomes».
- Mejora las relaciones con los clientes

Así pues, viendo todos estos beneficios de una excelente EX nos parece obvio que es un buen espacio en el que innovar puede ayudarnos a mejorar.

Ámbitos y espacios

En la siguiente imagen puedes encontrar una propuesta concreta de los espacios donde HR puede incidir para convertir servicios ofrecidos en experiencias innovadoras memorables. Si en tu caso o en el de tu organización, hay algún otro espacio concreto que puedes añadir a este mapa, no dudes en hacerlo.

Ilustración 3: Ejemplo de Mapa de viaje del empleado en la organización

- Las áreas y los servicios de Selección y reclutamiento.
- El proceso de contratación incluyendo compensación y beneficios.
- El día 0, previo al día de incorporación.
- El día de la incorporación o ingreso –Wellcome Day–.
- El *onboarding* o espacio temporal durante el cual estamos acompañando al empleado/a en su incorporación e integración completa a la organización, a nuestra cultura organizativa, al equipo, a sus tareas, roles y responsabilidades, etc.
- Los espacios, tiempos y servicios de desarrollo de talento, reconocimiento, crecimiento personal y profesional, desarrollo de carrera, etc. Bienestar, seguridad física, etc.
- Los espacios y servicios de intercambio íntegro entre la organización y la persona: retribución, compensación, seguridad financiera, etc.
- Y por supuesto, los servicios de OffBoarding como un proceso para liderar adecuadamente la salida del empleado de nuestra organización.

Llegados a este punto de la idea es importante que retomemos el titular y en concreto el PARA QUÉ quieres innovar. *«Start with Why»*, como dice Simon Sinek, es una muy buena forma de encontrar tu principal motivación para iniciar este proceso. Empezar con el «¿para qué?» de todo lo que hacemos nos asegura no desviarnos durante el proceso de lo que realmente es importante. Te recomiendo encarecidamente que realices la dinámica que ahora voy a presentarte:

Ejercicio 2: El «para qué»

En primer lugar, te recomiendo que pienses en un proyecto o iniciativa sobre la que te gustaría innovar –por ejemplo, el OffBoarding, el Onboarding, el SmartWorking, la cultura de aprendizaje, el Wellbeing, etc.–

Ahora encontrarás la dinámica explicada a través de una *estructura liberadora* llamada los «9 Why's» o los «9 para qué».

1º paso: busca un espacio tranquilo donde puedas reflexionar y te sientas con seguridad para escribir aquello que realmente piensas.

2º paso: ten preparado tu papel y tu bolígrafo para escribir las respuestas que vengan a tu mente. No le des muchas vueltas. Aquello que venga a tu mente tras hacerte la pregunta escríbelo.

3º paso: empieza por preguntarte: *¿por qué es importante para mí innovar en este servicio?*

Respuesta: « ____ »

4º paso: ahora los 9 para qué –atención, muy importante que las respuestas empiecen por «PARA xxxx» y NO empiecen por «*porque xxxxx*»:

Y ahora, pregúntate, *¿**para qué** quieres lo que anteriormente has respondido?*
Respuesta –*Para qué n.o 1*–: «Para _________________

____ »

Y, de nuevo, *¿**para qué** quieres lo que anteriormente has
respondido?*
Respuesta —Para qué n.o 2—: «Para _________________

____ »

Y, de nuevo, *¿**para qué** quieres lo que anteriormente has
respondido?*
Respuesta —Para qué n. 3.o—: «Para _________________

____ »

Y, de nuevo, *¿**para qué** quieres lo que anteriormente has
respondido?*
Respuesta —Para qué n.o 4—: «Para _________________

____ »
[....] —hasta en 9 ocasiones—

Y, de nuevo, *¿**para qué** quieres lo que anteriormente has
respondido?*
Respuesta —Para qué n.o 9—: «Para _________________

____ »

5º Paso: recopila todas tus respuestas, o sea, todos tus propósitos, visiones y motivaciones para iniciar este proceso. Elige la
que más trascendencia le dé a tu proyecto y ese será el PARA
QUÉ de tu proyecto de innovación. Será tu «Estrella Polar», tu
guía para que en los posibles momentos que puedas sentirte
perdido/a o sin rumbo, puedas volver aquí y recuperar tu centro.

IDEA 2. CONCEPTOS Y ROLES BÁSICOS DE LA INNOVACIÓN Y LA AGILIDAD

«Sacrificar la innovación para ahorrar coste es
como parar tu reloj para ahorrar tiempo».
Anónimo

Un primer concepto básico es que DesignThinking es una metodología de innovación en la cual, a partir de entender y empatizar con nuestros/as empleados/as y cocreando con ellos, podemos llegar a entregar servicios y soluciones innovadoras para problemas reales, mejorando con ello la experiencia de empleado/a que nuestros colaboradores tengan.

Como proceso, aplicamos DesignThinking, y cuando tenemos claros los miedos, frustraciones, necesidades, ganancias, expectativas y definición de éxito de nuestros empleados para un determinado servicio, entonces ideamos y generamos los prototipos necesarios, validamos las hipótesis y de esta forma podemos crear los primeros incrementos del servicio que queremos ofrecer.

Un segundo concepto es la relación entre DesignThinking y Agilidad. DesignThinking también es una práctica habitual de los equipos Agile, puesto que nos ayuda a asegurar la máxima aportación de valor al empleado/a. El servicio o solución desarrollado mediante esta metodología será una solución deseable por los empleados, factible técnicamente y rentable para la organización.

Respecto a los roles que participan en un proyecto de innovación, consideraremos tres: el de facilitador/a del proceso, el de diseñador/a y el de usuario/a que serán los empleados/as.

- El facilitador/a del proceso es la persona capacitada en DesignThinking que coordinará las actividades, facilitará las dinámicas y herramientas y conducirá los espacios necesarios de la metodología. En algunos casos tendrá que ser capaz de motivar y apasionar a los demás, y en otros poner su *expertise* al servicio ofreciendo las herramientas adecuadas.
- Los diseñadores de HR y/o de otras áreas relacionadas con el servicio que queremos mejorar o innovar. Deben ser personas de mentalidad abierta, constructivas, curiosas y que se sientan seguras frente a los entornos ambiguos y volátiles. Participarán en las dinámicas y sesiones de trabajo con herramientas del DesignThinking para ayudar a comprender, idear y prototipar.
- Y, finalmente, los usuarios que serán empleados/as de tu organización y que estén relacionados con el servicio a mejorar.

¿Y cómo se relaciona DesignThinking con el rol de facilitación y la Agilidad?

Pues si esta persona en su rol de facilitación de la innovación es también la encargada de llevar los resultados y las soluciones a la organización, podemos decidir que dicha implantación la realicemos mediante metodologías o *frameworks* Agiles —ver el libro 66 *ideas para Ser Agile en HR*—. Si es así, entonces hablaremos de un doble rol: no solo facilitador del proceso sino también role de *Product Owner* o *Dedicated Customer*. Se trata de un rol del mundo de la Agilidad que, especializado en *DesignThinking*, será la persona que mejor conocerá y representará al empleado/a en todo el ciclo de implantación.

Este rol de *Dedicated Customer* o representante del empleado en el equipo de RR. HH. liderará por tanto las fases de Empatizar/Observar, y facilitará las dinámicas y *workshops* de mapas de empatía, entrevistas etnográficas y mapas de experiencia de empleados. A partir de esa información, generará los focos creativos definiendo los retos encontrados a partir de los miedos, frustraciones, deseos, obstáculos y éxitos de los empleados. Facilitará también las sesiones de ideación y la creación de los prototipos. Con los aprendizajes de estos prototipos creará la «lista de acciones para implantar la solución», también llamada en agilidad «Pila de Producto» o «*Product Backlog*».

El desarrollo del servicio y su implantación, siendo coherentes con Agile, lo llevará a cabo un equipo multidisciplinar de RR. HH., por ejemplo, mediante SCRUM, y por tanto, con entregas parciales y frecuentes que aporten valor al empleado/a. En la siguiente imagen puedes ver un resumen de lo que te hemos explicado hasta ahora y de cómo se integra *DesignThinking* con SCRUM. Probablemente, la imagen sea difícil de comprender si este es tu primer contacto con los *frameworks* y roles de la agilidad. Si es así, te recomiendo no bloquearte ni intentar entenderlo a la perfección. Avanza en la lectura.

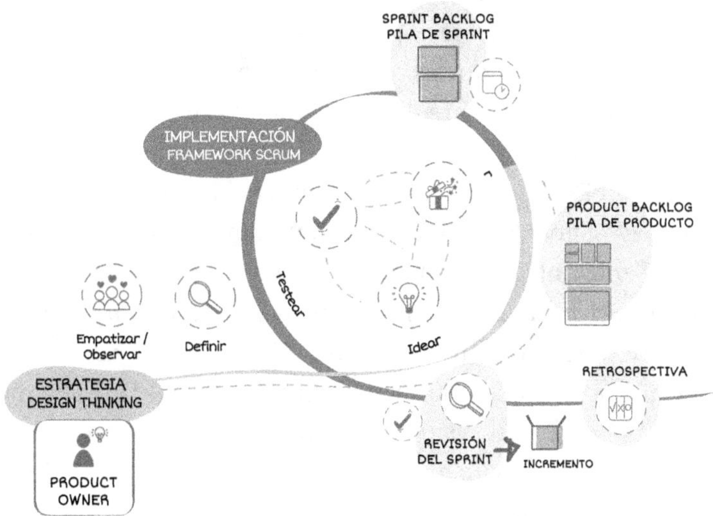

Ilustración 4: relación e interacción entre DesignThinking y SCRUM

IDEA 3. INNOVACIÓN, CYNEFIN Y ENTORNO VUCA

«Si hubiera una única verdad, no sería posible pintar cientos de cuadros sobre el mismo tema»
Pablo Picasso

Una de las primeras preguntas que puedes hacerte cuando te enfrentas a un nuevo reto, a un nuevo problema o a un nuevo proyecto para gestionar personas es: ¿este problema o reto es un problema que necesita de prácticas o metodologías de innovación? ¿Realmente necesito DesignThinking para resolverlo? ¿O juntando a unas cuantas personas «expertas» en un taller o *workshop* será suficiente?

Para darte una respuesta adecuada a ti mismo/a, necesitas conocer los tipos de retos o problemas a los que nos enfrentamos los profesionales en entornos de HR para así saber qué herramientas son las adecuadas en cada caso. Para ello, una herramienta de diagnosis que puedes utilizar es el CYNEFIN.

CYNEFIN es un *framework* o entorno de trabajo diseñado por Dave Snowden y que te permite conocer en qué dominio se encuentra un problema, un reto o una situación y nos permite elegir cuál es la mejor forma —métodos, herramientas, etc.— de solucionarlo o superarlo con éxito, además de permitirnos entender los comportamientos que las personas tienen y los que deberían tener para superar la situación. Este *framework* nos invita a identificar el contexto del problema en 5 dominios diferentes:

DOMINIO 1. Caso obvio o simple. Corresponde a problemas, retos o situaciones muy conocidas y para las que disponemos de un proceso o protocolo que aplicamos para resolver. Digamos que «sabemos cómo hacerlo porque sabemos sobre lo que es conocido del problema». Aquí aplicamos nuestras «mejores prácticas» y resolvemos siguiendo unos sencillos pasos:

1. percibimos cuál es el reto,
2. lo categorizamos, y
3. respondemos haciendo lo obvio siguiendo el proceso definido.

DOMINIO 2. Caso complicado. «Sabemos lo que es desconocido» y podemos poner a personas expertas a investigar, analizar y diseñar una solución. Aquí creamos buenas prácticas. Un caso fácil de entender son los proyectos de desarrollo de servicios en las áreas de gestión de personas. Por ejemplo, la creación de un nuevo servicio de reclutamiento. Podemos poner a varias personas expertas en reclutamiento y siguiendo un procedimiento de desarrollo de servicios pueden crear una solución. No es algo obvio que cualquiera pueda hacer, pero sí es algo que, aun siendo complicado, si las personas son expertas, pueden diseñarlo siguiendo unos pasos. Incluso puede haber un rango de posibles buenas soluciones.

En los casos de los dominios OBVIOS y COMPLICADO, causa y efecto suelen estar ordenados.

DOMINIO 3. Caso de lo Complejo. El factor crítico es que no hay una relación directa entre causa y efecto. O sea, conocemos los efectos, pero puede ser difícil conocer las causas o solo es posible conocerlas a partir de una **comprensión retrospectiva**

–dícese de la comprensión que viene después de haber realizado una acción y experimentado con sus consecuencias–. Aquí no valen los procesos o protocolos. Poner a personas expertas a analizar qué sucede no dará los resultados óptimos dado que el caso complejo representa el punto donde no sabemos lo que desconocemos y, por tanto, no es buena idea iniciar la solución analizando. Causa y efecto solo aparecen después de haber realizado **experimentos** que nos proporcionen la información que necesitamos. De ahí que la propuesta de Cynefin en estos casos sea seguir la línea de:

1. Probar/experimentar
2. Percibir qué ha sucedido con el experimento
3. Responder

Un ejemplo de este tipo puede ser el desarrollo de un programa de Wellbeing en la organización. Conocemos los efectos de lo que está pasando, como, por ejemplo, en las personas estresadas o exhaustas, bajada de la eficacia o la efectividad en los equipos, bajas laborales o alta rotación y pérdida de talento. Pero son solo efectos, no son el problema. El problema es desconocido y muchas veces es multifactorial –la pandemia, el teletrabajo, la desconexión emocional, la falta de herramientas, un mal liderazgo, la falta de priorización en lo importante... ¡quién sabe!–.

DOMINIO 4. Caso de lo caótico. Son aquellos momentos en los que causa y efecto son muy poco claros y todo es demasiado confuso como para esperar a realizar un análisis y dar una respuesta basada en conocimiento. En estos casos **actuamos primero**. Y no hablamos de un experimento. Hablamos de una acción. En la situación del 2020 en que se decretó el confinamiento, no estaba nada claro qué estaba sucediendo ni qué implicaciones tendría, pero la mayoría de las empresas tomaron acciones para afrontar ese momento, revisaban qué sucedía con cada decisión y respondían a lo nuevo. Los pasos en este caso son:

1. Actuar
2. Percibir
3. Responder

El objetivo en esas situaciones es intentar ver dónde hay espacios de desorden para conseguir algo de estabilidad y llevar el problema o reto al ámbito de la complejidad o de lo complicado.

DOMINIO 5. El último dominio, el del **desorden o confusión**. Se da cuando no has revisado la situación en la que estás y no tienes claro lo que tienes que aplicar y, sobre todo, cuando estás aplicando erróneamente el dominio. Es muy habitual en entornos de volatilidad e incertidumbre que sigas pensando que la situación es complicada, y pongas expertos/as a resolver y crear nuevos procedimientos y procesos para intentar adaptarte a lo que sucede, cuando lo que sucede es del ámbito de lo COMPLEJO. En esos casos, las personas se sienten confundidas porque después de aplicar el nuevo proceso no se resuelve la situación o aparece un efecto indeseado o inesperado. Esto lleva a la desmotivación y el *burn-out* del equipo de HR.

Ilustración 5: Cynefin como herramienta de decisión

Aquí es donde aparece nuestro primer aprendizaje de esta idea: si tu reto, problema o proyecto es del ámbito de lo COMPLEJO −Volatilidad, Incertidumbre, Complejidad o Ambigüedad−, entonces la solución son las metodologías, *frameworks* y herramientas de la innovación −como el DesignThinking− y de la Agilidad.

Las prácticas y *frameworks* −entornos de trabajo− especialmente diseñados y desarrollados para un mundo VUCA son las prácticas, metodologías y *frameworks* AGILES.

Si necesitas una mejor comprensión de qué es un entorno VUCA, te recomendamos la explicación del libro 66 *ideas para SER Agile en HR*.

Ahora que ya conoces cómo categorizar los retos que tienes, podemos empezar a innovar.

IDEA 4. ECOLOGÍA DE LA INNOVACIÓN Y LA MIRADA DE HR

«El valor de la innovación no está en evitar que te copien, sino en conseguir que todos te quieran copiar».
Enrique Dans

Tanto para innovar en tus proyectos de RR. HH. en tu empresa o en la gestión de personas como para acompañar y promover la innovación en tu organización, vas a necesitar crear un «ecosistema» adecuado. Este ecosistema o **ecología de la innovación** requiere de 3 aspectos:

1. Buen clima laboral
2. Métodos, procesos y sistema
3. Motivación y esfuerzo individual

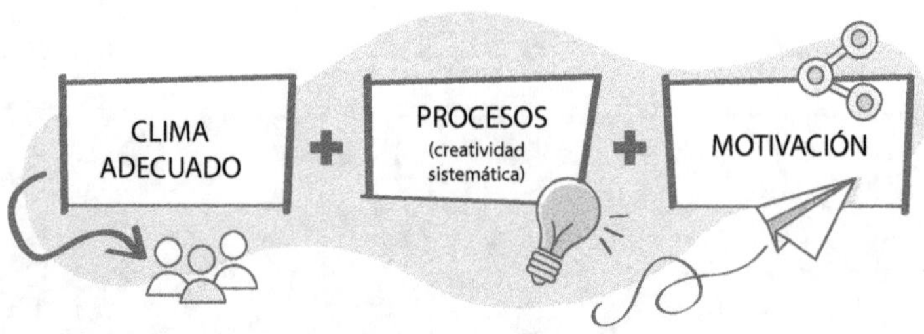

Ilustración 6: Los 3 aspectos de la ecología de la innovación

Para comprender el impacto de cada uno de estos aspectos te propongo un pequeño ejercicio personal de reflexión. Se trata de responder a 3 preguntas en 3 diferentes situaciones.

Veamos las preguntas:

Pregunta 1: ¿Cuál crees que sería la «cantidad de ideas» aportadas por las personas que participaran en el proceso de innovación en cada situación?

Pregunta 2: ¿Cuál crees que sería la «calidad de las ideas» aportadas por las personas que participaran en el proceso de innovación en cada situación?

Pregunta 3: ¿Y el resultado final del proceso de innovación?

Y ahora, hazte las 3 preguntas anteriores en cada una de estas 3 situaciones:

SITUACIÓN 1. Una empresa donde hay muy buen clima laboral –las personas se llevan bien entre ellas–, hay mucho esfuerzo personal –las personas vienen motivadas de casa–, PERO **no hay métodos ni organización** de la innovación ni de las dinámicas realizadas.

Hazte las 3 preguntas y te recomiendo que escribas las respuestas en un papel.

SITUACIÓN 2. Una empresa donde hay muy buen clima laboral –las personas se llevan bien entre ellas–, hay buenas

39

metodologías y buena organización de la innovación, así como de las dinámicas realizadas, PERO **las personas se esfuerzan poco** —las personas están desmotivadas—.

Hazte las 3 preguntas y te recomiendo que escribas las respuestas en un papel.

SITUACIÓN 3. Una empresa donde hay buenas metodologías y buena organización de la innovación y hay mucha motivación individual —las personas se esfuerzan a nivel personal—, PERO hay muy **mal clima laboral** —las personas no se hablan entre ellas e incluso no se soportan—.

Hazte las 3 preguntas y te recomiendo que escribas las respuestas en un papel.

Ahora que ya tienes todas las respuestas, revisa la gráfica siguiente para extraer tus conclusiones. Apúntalas en un papel. Por mi parte, te comparto mis experiencias reales:

1. En la situación 1, cuando no hay buenas metodologías se hace difícil que las personas construyan sobre las ideas de los demás. Todo el mundo aporta ideas, pero faltan buenas prácticas en las dinámicas y en los talleres. Por otro lado, los resultados finales de la innovación no son buenos, puesto que muchas veces, por desconocimiento, los equipos se saltan etapas imprescindibles de la innovación como, por ejemplo, entender el problema, y sucede que las soluciones o ideas aportadas resuelven algo que no es realmente el problema, o resuelven algo que realmente no es un problema. Resultado: malo.

2. En la situación 2 sucede que cuando no hay motivación y las personas no tienen ganas, aunque la organización realice *trainings*, aunque haga cien talleres, aunque traiga un montón de facilitadores externos superexpertos... pues la gente en los talleres no habla, no propone y no colabora, con lo que hay pocas ideas y de baja calidad. Las personas colaboran lo justo y necesario para que nadie les pueda decir que no han hecho su trabajo. Cubren el expediente y listo. Resultado: malo.

3. En la situación 3 sucede que las personas, que vienen super motivadas por innovar, pero no se hablan con los demás, pelean y luchan porque sus ideas sean las ganadoras. Ideas, por cierto, que al ser individuales nunca alcanzarán el nivel de calidad de cuando se generan grupalmente y con la sabiduría de todas las personas participantes. Resultado: malo.

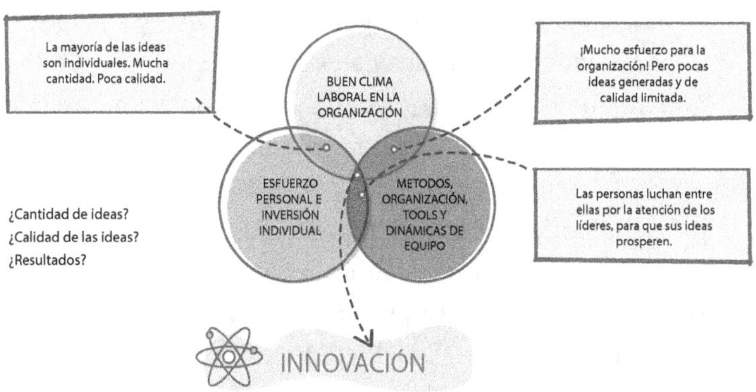

Ilustración 7: Relación entre los 3 aspectos de la ecología de la innovación

Así que, viendo lo que sucede, ahora podemos explorar cómo desde HR podemos influir para conseguir más innovación en nuestro departamento o una organización más innovadora.

1. Buen clima laboral

Innovar en espacios donde las personas no se llevan bien o no se hablan entre ellas, en espacios donde no hay confianza o en entornos donde directamente no hay seguridad psicológica es imposible. Por tanto, tu labor desde HR es llevar a cabo acciones que fomenten:

- Un buen clima relacional o social de **confianza**.
- Un buen clima de **seguridad psicológica y gestión del error**. Las empresas inmersas en procesos de innovación o de transformación Agile reportan como una de las necesidades más importantes en los equipos «conseguir que haya un alto nivel de seguridad psicológica».
- Un clima operativo adecuado que incluya espacios reservados a la innovación –agenda y lugares– y soluciones para reducir los niveles de estrés y exigencia operativa para que la innovación pueda ganar «posiciones» en el pódium de lo que es importante para la organización.

La buena noticia es que el impacto positivo, mediante acciones coordinadas por tu parte, en cualquiera de estos puntos comentados anteriormente, ¡¡YA ES UNA BUENA ACCIÓN PARA MEJORAR LA EXPERIENCIA DEL EMPLEADO/A!! O sea, que a la vez que generas el ecosistema ideal para que la innovación crezca y se desarrolle, ya estás teniendo un impacto positivo en la experiencia que viven los empleados/as de tu empresa. Ganancia doble.

Para iniciar la exploración sobre acciones que mejoren el clima laboral te propongo un ejercicio que es un test cualitativo basado en la imagen siguiente.

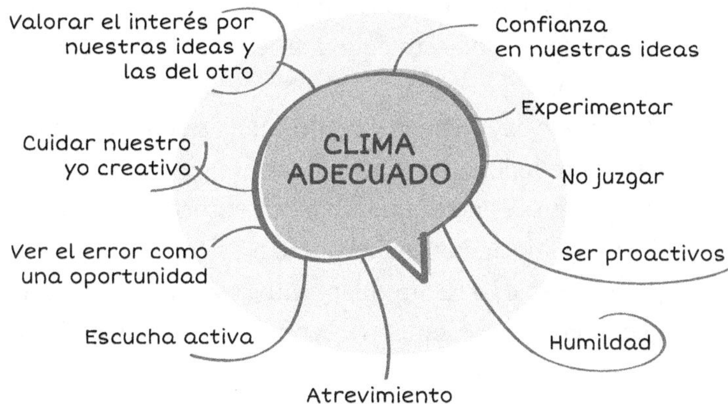

Ilustración 8: Evaluación del clima laboral enfocado a la innovación

Ejercicio 4: Test cualitativo clima laboral

La propuesta es sencilla: evalúa del 1 −menor− al 6 −mayor− el nivel de desarrollo en cada uno de los diez aspectos siguientes, y apúntalo en tu libreta o en un papel:

1. ¿Crees que en tu entorno las personas valoran y muestran interés por las ideas de los demás y las tuyas?
2. ¿Crees que las personas de tu entorno tienen confianza en las ideas que presentan y tienen confianza en las ideas que presentan el resto de las personas considerándolas ideas con potencial?

3. ¿Las personas de tu entorno son capaces de llevar a cabo experimentos y aprender de ellos tanto si finalizan como exitosos como si finalizan como fallidos?

4. ¿Las personas de tu entorno y tú mismo/a sois capaces de no juzgar las ideas que proponen otros y apoyarlas para hacerlas viables?

5. ¿Ves proactividad, paso a la acción y responsabilidad para resolver los retos que surgen en el día a día a tu alrededor?

6. ¿Crees que hay un buen nivel de humildad en las personas de tu alrededor y en ti mismo/a?

7. ¿Se permite el atrevimiento en tu entorno laboral para llevar a cabo acciones inesperadas?

8. ¿Las personas a tu alrededor muestran un alto nivel de escucha activa y empática con los demás cuando les hablan?

9. ¿Crees que en tu entorno laboral se considera el error una oportunidad generativa?

10. ¿Las personas de tu alrededor y tú mismo/a tenéis buenas prácticas y hábitos diarios para cuidar la creatividad y el yo creativo?

Una vez evaluados los 10 aspectos, te propongo que diseñes un pequeño plan de acción que impacte en uno de los aspectos mediante acciones concretas y agendables que hagan que mejore la puntuación, al menos en un punto más que el que has dado actualmente. Para ayudarte, puedes preguntarte: ¿de qué puedo hacer más para que esa situación mejore?, ¿qué puedo dejar de hacer para que esa situación mejore?

2. Métodos, procesos y sistema

La innovación hay que sistematizarla y debe seguir un proceso basado en una metodología. Es así de simple y así de poderoso.

De hecho, ya tienes en tus manos el libro que te guiará, puesto que el DesignThinking es una de estas metodologías y muchas de las ideas aquí contenidas son justamente prácticas y herramientas que te asegurarán que este ámbito quede correctamente cubierto.

3. Motivación y esfuerzo individual

Y nos queda uno de los aspectos más interesantes: la motivación de las personas que participan en los procesos de innovación. Para ayudarte con este tema creo que lo mejor será que conozcas la curva de adopción de la innovación. Es un modelo sociológico que clasifica a las personas en diferentes categorías en función de su disposición a adoptar una determinada tecnología o la innovación. Es un modelo del sociólogo y profesor Everett Rogers:

- Un 2,5 % de la población son innovadores −promueven la innovación−.
- Un 13,5 % de la población son visionarios −se suben en cuanto se enteran−.
- Un 34 % de la población son pragmáticos −esperan a ver resultados antes de subirse a la innovación−.
- Otro 34 % de la población son conservadores −solo se suben cuando ya no queda más remedio−.
- Un 13,5 % son escépticos −evitarán a toda costa adoptar la innovación e incluso lucharán contra ello−.

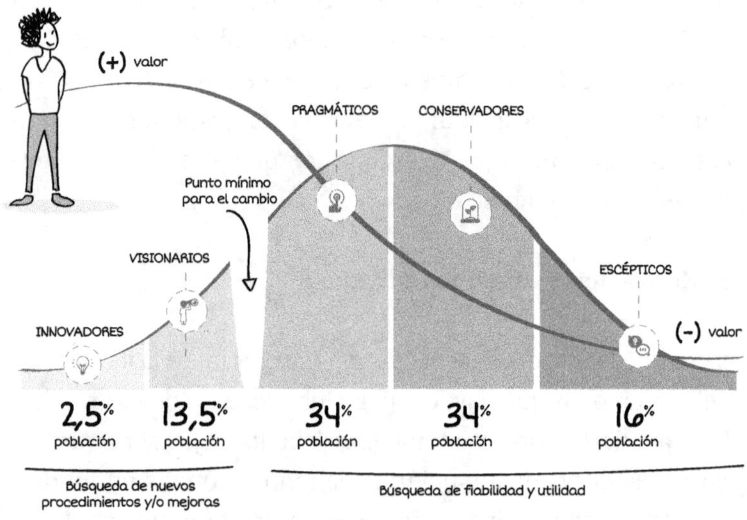

Ilustración 9: Gráfica de adopción de la innovación

A partir de esta curva puedes ver con claridad a quién te interesa embarcar en el proceso de innovación; al menos, en las primeras etapas: a las personas con perfil de innovador, también llamados «*early adopters*» y a los perfiles visionarios. Entre ambos, apenas representan el 16 % de la población. Estas personas vienen motivadas de casa.

Ah, un consejo!: no hagas caso de esas personas que dicen que «*lo mejor es empezar con lo más difícil y con las personas más complicadas, porque si consigues éxito con ellas ya todo será más fácil*». ¡No es verdad! O al menos, no lo es cuando hablamos de innovación. Si inicias un proceso de innovación con escépticos y conservadores, la probabilidad de fracaso es del 100 %. La innovación ya es suficientemente retadora y exigente como para que encima subas a tu barco a personas que no quieren estar allí y que dedicaran su tiempo a hacer agujeros en el casco de dicho barco.

Por favor, empieza rodeándote de personas que quieran, que estén motivadas y que, de hecho, estén en búsqueda constante de novedades. Busca tu 16 %.

IDEA 5. QUÉ NECESITA DE TI LA INNOVACIÓN. QUÉ NECESITA DE TU EQUIPO

Para asegurar el éxito de una iniciativa de innovación en tu área de Recursos Humanos o de gestión de personas te invito a que antes inicies un proceso de preparación personal. La innovación se va a parecer mucho a correr una maratón, por lo que me parece buena idea que antes de empezar la gran carrera vayamos realizando entrenamientos más asumibles que nos preparen a todos los niveles.

¿Y qué necesitará de ti la innovación? Pues en la siguiente gráfica tienes un resumen. Te invito a revisar todos los requisitos e ir tomando nota de las reflexiones que tengas al respecto. Cada vez que lleves a cabo algunas de las acciones que te propondré, te invito a responder a la pregunta: *¿de qué me he dado cuenta?* Verás que todo ello es muy poderoso.

¿ Y QUÉ NECESITA DE TI la Innovación?

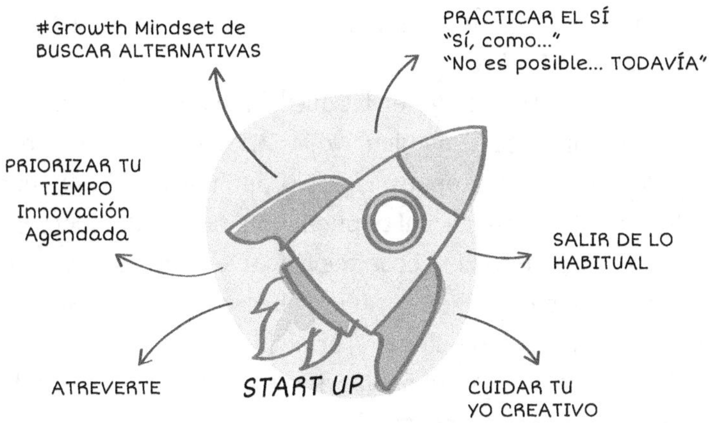

Ilustración 10: Las seis acciones que la innovación va a pedirte

1. La innovación necesita un cambio de mentalidad por tu parte en lo que a **practicar el SÍ** se refiere. Me explico: muchas personas tienen un cierto hábito de responder con un NO cada vez que se les presenta o propone algo nuevo: *«Esto que me dices, en nuestra empresa no será posible»*, *«Esto que me propones no será viable»*, *«Esta idea no funcionará»*, *«Esta solución no será barata»*, *«Esta opción no la validarán los de arriba»*, etc.

Ejercicio 5: Practicar el SÍ y el SÍ, COMO...

El trabajo personal que todos tenemos y que te recomiendo hacer es doble: practicar el TODAVÍA y practicar el SÍ. Esto supone un cambio de hábitos que duran unas semanas. Así pues, te propongo que durante las próximas 6 semanas...

… Cada vez que te descubras diciendo algo limitante, quiero que le añadas un TODAVÍA al final de la frase. Por ejemplo: «Esto *que me dices, en nuestra empresa NO será posible TODAVÍA*».

… Busca 2 ocasiones en las que le hubieras dicho que NO a una propuesta de alguien, y dile **SÍ, COMO…** En otras palabras, acepta su propuesta, pero propón tú un COMO –una forma– diferente al cual tú puedas adaptarte. Por ejemplo, si un compañero/a te propone algo que tú crees que no va a funcionar, dile «*SÍ, y lo vamos a hacer de esta forma…*».

Es posible que te cueste al principio –depende de cuánto de instalado tengas el hábito del NO en tu cerebro–, pero si perseveras, lo conseguirás.

2. La innovación se practica **saliendo de lo habitual**.

Ejercicio 6. Salir de lo habitual

La propuesta que te hago es que durante las próximas tres semanas hagas cada día una cosa que nunca hayas hecho. Puede ser una pequeña cosa, como abrir la puerta con la mano que no lo haces habitualmente, o cepillarte los dientes con la otra mano; o siendo más disruptivo, yendo a comer a un restaurante de un tipo de comida que nunca hayas probado. Cuando finalices tu tiempo de lectura de hoy, coge tu agenda y reserva en ella una actividad periódica de tres semanas de duración donde apuntes: «*hacer algo diferente*». Así no te olvidarás.

3. Para ser innovador/a necesitas **cuidar tu yo creativo**.

Para ello, te propongo que realices actividades de creación como pueden ser escritura, pintura, dibujo o algún tipo de arte. A nivel de escritura, una que funciona muy bien y desarrolla la creatividad profunda y relevante de forma exponencial es la escritura automática. Se trata de que la primera actividad que hagas por las mañanas sea escribir y lo hagas sin pensar y sin objetivo. Sencillamente, que vuelques en el papel lo que pase por tu cabeza de forma automática y sin juzgar lo que surja. La propuesta concreta es que durante 30 días te levante 10 minutos antes, y esta sea tu primera actividad diaria. Si te comprometes a hacerla, te aseguro que mejorará tu capacidad creativa de forma casi milagrosa.

También pueden ser actividades en las que generes algo inexistente o donde puedas crear algo que te sea útil. Pon en marcha tu cerebro, y si no sabes por dónde empezar, puedes adquirir algún libro de los recomendados −al final de este libro− que tenga que ver con creatividad.

4. **¡Atrévete!** Practicar el atrevimiento y la valentía en el entorno laboral supone asomarse al «qué pasaría si...». La práctica que te propongo es para despertar en ti el coraje de hacer cosas que no crees que puedas hacer y de llevar a cabo experimentos fuera de tu zona de confort.

La propuesta tiene una versión de alto nivel para los más valientes y otra menos exigente para los que estamos en camino de activar ese coraje.

Versión alto coraje: Te invito a cometer 2 errores asumibles en el entorno profesional en la próxima semana. Importante el adjetivo «asumibles». O sea, que de forma consciente y con premeditación cometas 2 errores... pero que no te vayan a despedir por ello –que luego yo tendría remordimientos–.

Versión más suave: te invito a llevar a cabo 2 experimentos en el ámbito profesional. Llevarás a cabo dos pruebas experimentales informando a tu manager y a tus compañeros de que vas a hacer esos «experimentos» para validar alguna hipótesis que tienes o para ver si consigues un resultado diferente y mejor del que actualmente estás consiguiendo. Te invito a salir del proceso estandarizado, salir del procedimiento que llevas tiempo siguiendo y probar algo diferente.

5. **Agenda el tiempo para innovar.** Es imprescindible que priorices la innovación como algo importante por encima de las cosas urgentes del día a día. Y eso significa que esté en agenda.

Ejercicio 9. Agéndate la innovación

Puedes empezar por reservarte dos horas semanales –por ejemplo, la tarde de los miércoles– y convertir ese tiempo en algo sagrado. Mi recomendación es que te bloquees en la agenda del Outlook tus próximos 10 espacios de innovación de 2 h −por ejemplo− y que ese tiempo lo dediques a poner en práctica y utilizar todas las herramientas de este libro, así como los ejercicios. Supongo que no hace falta que te diga que si no agendas la innovación... pues no hay innovación.

6. Activa tu **mentalidad de crecimiento** buscando alternativas.

Ejercicio 10. Growth Mindset

Cada vez que te encuentres con un bloqueo o con algo que parece imposible, lánzate el reto de encontrar una alternativa. Quizá no es una alternativa perfecta o incluso quizá no es viable. No importa. Lo que importa es el tiempo de entrenamiento en el que dedicarás 10 minutos a pensar y escribir alternativas en un papel evitando juzgarlas hasta que hayan pasado los 10 minutos. Si durante ese tiempo te vienen pensamientos «destructivos» sobre tus propias ideas, déjalos ir −*let it go!*− y sigue escribiendo posibilidades y opciones para resolver ese algo imposible. Bienvenidas las alternativas locas.

IDEA 6. ETAPAS DEL DESIGNTHINKING

«Nuestro pasado es el enemigo n.º 1 de la innovación».
David Cánovas

A veces pensamos en las herramientas y los métodos de innovación como algo para generar nuevos productos o nuevos servicios a nuestros clientes finales en la empresa. Ahora bien, es importante saber que estas herramientas también están pensadas para poder innovar en cualquier área: en los modelos de negocio, en los canales de distribución, en los procesos de producción y, por supuesto, en los procesos de RR. HH. y de Gestión de Personas que tengamos en la empresa.

En concreto, DesignThinking es una metodología de innovación centrada en el usuario o cliente para resolver problemas de forma creativa, novedosa y con alta aportación de valor. Se aplica habitualmente en situaciones complejas donde no queda claro el problema ni la solución.

El hecho de tener un enfoque humano centrado en empatizar, entender, comprender y detectar las frustraciones, necesidades, éxitos y expectativas del cliente o usuario hacen del DesignThinking una herramienta ideal para las áreas de HR y Gestión de Personas de cara a ofrecer servicios de alto valor añadido a sus clientes internos −empleados/as, mandos intermedios, managers y directivos−, a la organización y al negocio. Es la mejor metodología para innovar en la Experiencia de Empleado/a.

DesignThinking se compone de 5 etapas o fases:

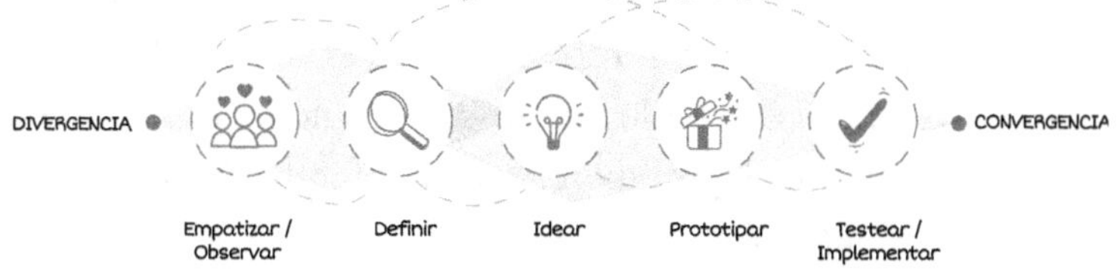

Ilustración 11: Las 5 etapas o fases del DesignThinking

- **FASE EMPATIZAR**. La empatía es la base de un proceso de diseño humanista. Para empatizar tendrás que OBSERVAR el comportamiento de tus empleados/as en el contexto de sus vidas personales y profesionales. Para empatizar tendrás que INTERACTUAR con ellos/ellas tanto de forma agendada –mediante entrevistas, acompañamiento durante unas horas, etc.– como de forma informal o sorpresiva. Para empatizar tendrás que SUMERGIRTE y experimentar lo que tu empleado/a experimenta. Todo ello para descubrir las necesidades que las personas tienen y de las que pueden, o no, ser conscientes, así como descubrir las emociones que guían sus comportamientos. En esta etapa utilizamos herramientas para conocer y comprender a las personas –por ejemplo, los mapas de empatía o las entrevistas etnográficas–, herramientas para conocer y comprender los procesos y cómo las personas se sienten durante esos procesos –por ejemplo, los mapas de experiencia o *employee journey map*, o situaciones inmersivas como «un día en la vida de…»– y herramientas para conocer y comprender las tendencias sociales en entorno profesional –*Trend Maps* o *Era Maps*–.

- **FASE DEFINIR**. En esta etapa analizarás los hallazgos de la fase de empatizar para sintetizar un conjunto de necesidades explícitas y de necesidades latentes o «*insights*» de tus empleados/as respecto al reto en el que estabas trabajando. En este punto es donde defines un problema específico y significativo en el que quieres poner enfoque. Dos objetivos de esta etapa son:

a. desarrollar un **amplio entendimiento** de tus usuarios y, basándote en ese entendimiento,
b. llegar a un planteamiento del problema que se pueda llevar a la acción: **tu punto de vista**.

Tu punto de vista debe ser una visión única del problema para trabajar sobre él, basada en los descubrimientos de la etapa anterior. Esta declaración se debe centrar en usuarios específicos y los *insights* y las necesidades que descubriste durante la etapa de la empatía en ellos. Esta etapa de definir es fundamental para la creación de una solución exitosa, entendida como creativa —novedosa—, deseable por los empleados/as y que les aporte valor. Aquí también definirás los focos creativos sobre los que quieres trabajar en relación con el reto definido —el punto de vista concreto—.

Los focos creativos son las áreas donde idearemos y prototiparemos, y los expresaremos en formato de pregunta personal:

¿Cómo podría yo ayudar a [*aquí un colectivo o tipología de empleados*] a resolver su problema [*aquí un problema de ese colectivo*]? ¿Cómo podría yo conseguir que [*aquí un colectivo o tipología de empleados*] tuviera su necesidad [*aquí una necesidad de ese colectivo*] cubierta? ¿Cómo podría yo acompañar a [*aquí un colectivo o tipología de empleados*] a paliar o eliminar su frustración [*aquí una frustración de ese colectivo*]?

- **FASE IDEAR**. Idear es la etapa del proceso de diseño en la que te centras en la generación de ideas. Se trata de una fase con una primera etapa «expansiva o divergente» donde el foco debe estar en generar una gran cantidad de ideas −no importa la calidad− que permita explorar un amplio rango de soluciones diversas. Un clásico error de esta etapa es pretender idear propuestas factibles, rentables y deseables. **Lo importante de esta etapa es generar muchas ideas y muy diferentes**. Será posteriormente, en una etapa de convergencia, cuando debamos elegir las ideas y las seleccionaremos según los criterios que establezcamos. Es básico separar ideación divergente de evaluación convergente de ideas en reuniones o *workshops* separados en el tiempo.

- **FASE PROTOTIPAR**. Prototipar es coger y explorar ideas y llevarlas de tu cabeza al mundo físico. Un prototipo puede ser cualquier cosa que tenga una forma física, ya sea un muro de post-its, una actividad de juego de roles, un espacio, un objeto, una interfaz, o incluso un guion gráfico −*storyboard*−. Los prototipos son más exitosos cuando las personas −el equipo de diseño, el empleado/a y otros− pueden experimentar e interactuar con ellos. Lo que aprendes de esas interacciones puede ayudar a conducir la empatía, así como dar forma a soluciones exitosas. Los prototipos son una herramienta para profundizar tu comprensión del espacio de diseño y de tu empleado/a, incluso en una fase previa a la solución del proyecto.

  Los prototipos te servirán:

  - Para pensar y evolucionar tu idea
  - Para desarrollar múltiples opciones de solución

– Para inspirar a los demás –compañeros, clientes, directivos– mostrando tu visión.
– Para aprender lo que sí funciona y lo que no en un entorno complejo.
– Para eliminar la ambigüedad de un mundo VUCA.
– Para iniciar una conversación con los empleados.
– Para realizar experimentos y fallar rápidamente y barato. La creación de prototipos rápidos y «sucios» permite probar una serie de ideas sin tener que invertir mucho tiempo y dinero por adelantado.

Cuando prototipas con los empleados, puedes conseguir todo eso y mucho más.

- **FASE TESTEAR**. Testear es la oportunidad de refinar nuestras soluciones y mejorarlas. Este método es iterativo y ponemos nuestros prototipos de baja resolución en el contexto apropiado de la vida del empleado/a. En innovación solemos decir: «*Prototipa como si supieras que tienes razón, pero testea como si supieras que estás equivocado/a*», todo para aprender más acerca de tu empleado/a. Testear es una nueva oportunidad para construir empatía a través de la observación y la interacción, lo que a menudo ayuda a descubrir *insights*. También es una oportunidad para probar y refinar tu punto de vista y validar las hipótesis que has realizado. A veces, los tests revelan que no solo no teníamos la solución correcta, sino que tampoco hemos logrado formular el problema correctamente.

  Aquí tienes un diagrama con las 5 etapas. Durante el libro lo volveremos a compartir para que en todo momento sepas en qué fase del DesignThinking estás.

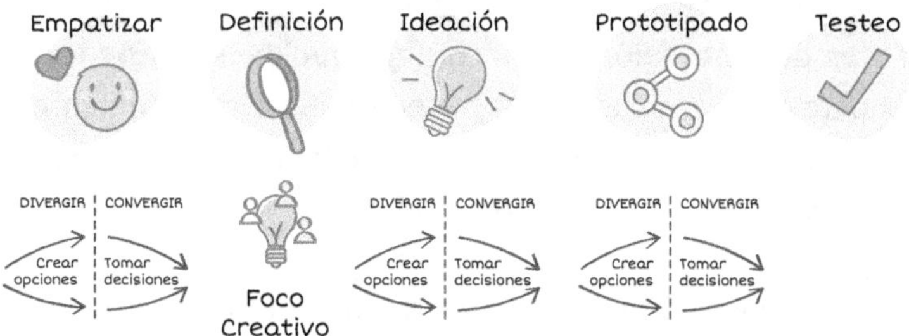

Ilustración 12: Las 5 etapas y los momentos de divergencia y convergencia del DesignThinking

En resumen, con estas etapas y estructura DesignThinking es la mejor opción para:

- Optimizar los procesos de reclutamiento −captación y selección−, donde estas herramientas te pueden ayudar a conocer mejor a tus candidatos, dónde encontrarlos y cómo optimizar los procesos de entrevista/selección.

- Innovar en los procesos de «*onboarding*» o incorporación de los colaboradores, ofreciendo una experiencia que les genere llegar a su máxima motivación y minimizando el tiempo en el que ya se sientan pertenecientes a la organización −Employee Experience−.

- Diseñar los mejores, más deseables y óptimos planes de cultura de aprendizaje, teniendo en cuenta que puede pasar que las personas no sepan exactamente lo que necesitan a nivel de formación −*insights* o necesidades latentes− o que expresen que necesitan algo que finalmente no necesitan. Ofrecer un ecosistema que fomente la «pasión por aprender» y desarrolle la habilidad de «aprender a aprender».

- Engagement y retención del talento, donde las herramientas de innovación te aportarán soluciones y propuestas para generar acciones que retengan al talento y fomente el sentimiento de pertenencia, llegando a ser seguidores de nuestra marca. –Employee Branding–.

- Compensación y beneficios, donde con un programa de innovación podemos conseguir el mejor sistema de retribución para las personas que trabajan en nuestra organización, desde la retribución fija a la variable y a todos aquellos aspectos que pueden considerarse factores de retribución –reconocimiento, premios, seguros de salud...–.

- Crear e implantar los mejores y más innovadores programas de sucesión para los roles o para las posiciones más críticas en nuestra empresa.

IDEA 7. LA NO LINEALIDAD Y LA CICLICIDAD DEL DESIGNTHINKING

Dos de las características más retadoras de la metodología DesignThinking y de los procesos que proponemos para innovar en HR y para generar experiencias de empleado increíbles son la «no linealidad» y «la ciclicidad». Estas características son inusuales en los procesos y procedimientos que habitualmente conocemos o que nos enseñan y por eso merecen nuestra atención y se han ganado una IDEA en exclusiva en este libro. Veamos qué son:

- Primero: **DesignThinking no es lineal**. La mayor implicación de esta idea es que con esta forma de trabajar en cualquier momento podemos volver hacia atrás o saltar hacia adelante para profundizar en una determinada etapa. Esto rompe con la clásica mentalidad *«waterfall»* o predictiva, donde **no** se considera la posibilidad de retornar a una etapa preliminar, por ejemplo, para entender mejor al cliente o para entender mejor y con más profundidad el entorno o las tendencias del entorno.

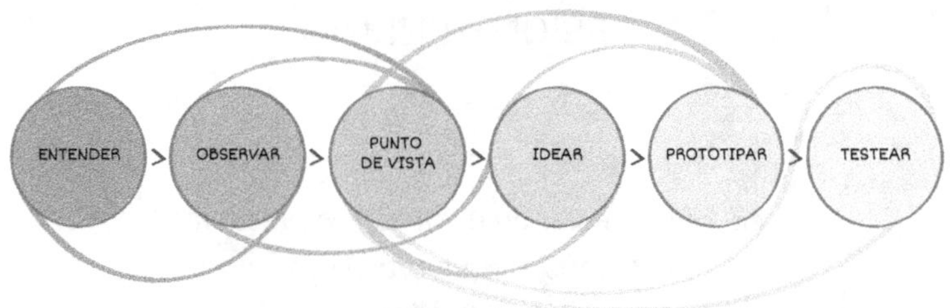

Ilustración 13: Característica de No-Linealidad del DesignThinking

Así, a partir de ahora será habitual que después de haber prototipado un servicio y antes de testearlo decidamos volver a la etapa de ideación, por ejemplo, para robustecerlo. O que después de la etapa de Ideación descubramos que el punto de vista que habíamos tomado no era el que nos llevaría a propuestas innovadoras o a fantásticas experiencias de empleado/a , y decidamos volver a empatizar.

- Segundo: **DesignThinking es iterativo**. Esto significa que podemos repetir el ciclo completo tantas veces como sea necesario para asegurarnos de que estamos entregando valor percibido y real a los clientes y empleados/as. Los prototipos y los tests no son un objetivo en sí mismo −NO son una forma de validar para hacer un lanzamiento según las clásicas gestiones de proyectos−, sino que nos sirven para empatizar y conocer mejor a nuestros empleados, con lo que desde ahí podemos volver a definir el reto que queremos resolver y los «Pains & Gains» de nuestro servicio de RR. HH. Y así volver a empezar el ciclo.

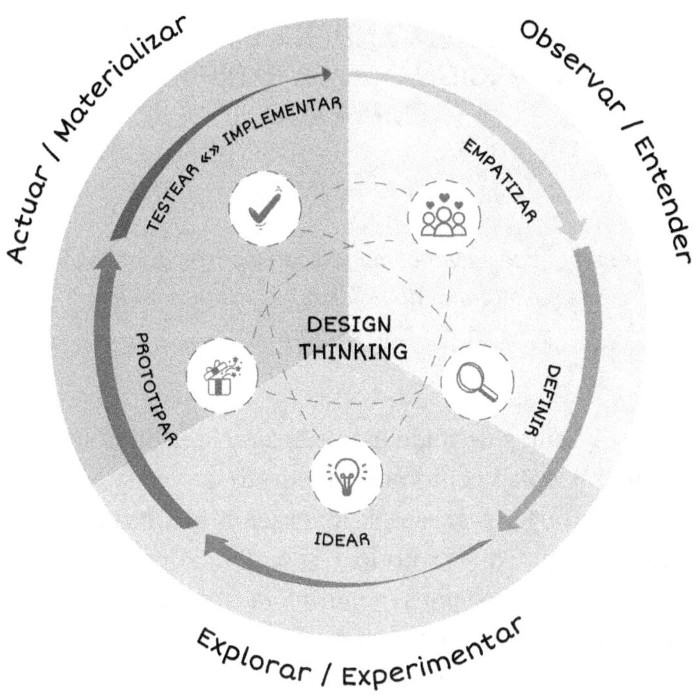

Ilustración 14: Característica de ciclicidad e iteratividad del DesignThinking

¿Cuándo parar? Realmente no hay una respuesta «ideal» o «predictiva» a esta pregunta. Habitualmente, paramos el ciclo cuando tenemos una solución innovadora lo suficientemente buena o cuando por requisitos temporales es necesaria una entrega interna.

IDEA 8. FASE ENTENDER Y EMPATIZAR EN LA INNOVACIÓN Y EN LA EXPERIENCIA DE EMPLEADO

«Ser empático es ver el mundo con los ojos del otro y no ver nuestro mundo reflejado en los ojos de él».
Carl Rogers

Si bien ya hemos definido esta etapa en la IDEA 6, conviene profundizar en su comprensión, puesto que es la etapa más importante de los procesos de innovación. Mucho más importante que idear o que prototipar. ¿Por qué? Por algo obvio que muchas veces no tenemos en consideración: idear y prototipar sobre el problema incorrecto es la mayor pérdida de tiempo y recursos posible. En otras palabras, *«No hay nada más inútil que hacer con gran eficiencia algo que nadie necesita y que no va a utilizar»* −Peter Drucker−.

Un dato que me impactó en mis años laborales en departamentos de innovación es que dedicábamos entre el 50 % y el 70 % del tiempo del proyecto de innovación a esta etapa de Entender y Empatizar, y, sorprendentemente, la etapa a la que dedicábamos menos tiempo era a Idear. Como verás más adelante en el libro, la «ideación» quizá está sobrevalorada: es posible sistematizarla y conseguir tener muchas y muy buenas ideas para resolver un problema en un corto espacio de tiempo. El reto es que muchas veces ese problema no es un problema para nadie o nadie está dispuesto a hacer un esfuerzo en utilizar tu servicio o tu producto... aunque sea gratuito.

Durante esta primera fase del DesignThinking haremos dos cosas diferentes:

- Por un lado, **entender** el problema —explorar el reto— que creemos que tenemos, así como el entorno, la situación, la época, los implicados, los lugares, etc. Esto nos permitirá más adelante estar seguros de que estamos generando soluciones factibles y viables, es decir, soluciones que podremos implementar en nuestro entorno y/o en nuestra empresa, y soluciones para las que tendremos los recursos económicos necesarios.

- Por otro lado, **empatizar** con las personas a las que queremos dirigir nuestro servicio y que queremos que lo utilicen. De hecho, queremos que LO DESEEN. Hablaremos más adelante en este libro de «deseabilidad» por parte de nuestros empleados/as o usuarios/as de las soluciones que generemos.

El cierre de esta etapa estará relacionado con nuestra capacidad de generar las mejores y más desafiantes preguntas que, si conseguimos responder durante la fase de Ideación, puedan crear soluciones que aporten el máximo valor resolviendo las frustraciones de nuestras/os empleados/as. En el siguiente diagrama te resumimos esta idea:

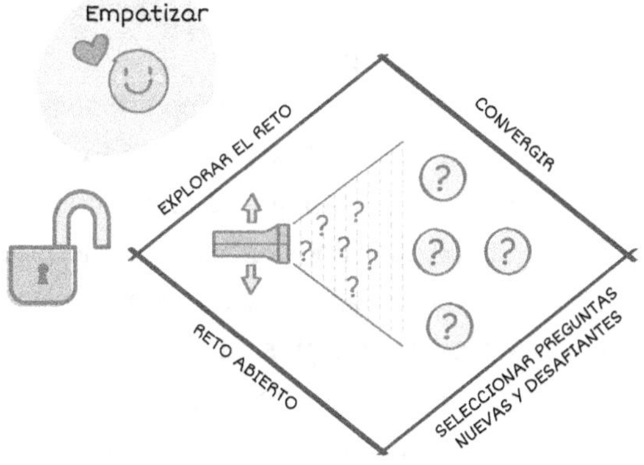

Ilustración 15: Diagrama sobre la etapa de Empatizar

La escucha empática

Dado que hablamos tanto de «FASE DE EMPATIZAR» conviene que hagamos una pequeña introducción a que significa en profundidad. Personalmente, me ha ayudado mucho conocer la «escucha empática» para poder entender lo que se espera de nosotros/as como facilitadores/as de la innovación en esta etapa de Empatizar.

La escucha empática está inspirada por la línea de trabajo de la «Comunicación No-Violenta» del Dr. Marshall B. Rosenberg, y es una evolución natural en los tipos de escucha existentes:

- Escucha **biológica**: cuando escuchamos un sonido o un ruido o una voz.
- Escucha **fingida**: cuando parece que escuchamos pero nuestra mente está en otro lugar. Realmente no estamos interesados ni entendiendo.
- Escucha **selectiva**: oímos solo lo que nos interesa escuchar. Por ejemplo, si nos dan la razón. Pero si no estamos de acuerdo con lo que nos están diciendo, dejamos de escuchar de forma atenta e incluso estamos ya pensando en lo que vamos a responder.
- Escucha **activa**: escuchamos con todos nuestros sentidos activos, estando presentes y prestando atención, sin distraernos con el exterior. Escuchamos no para responder. Escuchamos en silencio. Mostramos interés. No nos distraemos tampoco con nuestros propios pensamientos.
- Escucha **empática**: sentimos interés genuino por lo que escuchamos. Queremos que lo que nos dicen nos impregne, nos transforme. Escuchamos para comprender y no para responder. Escuchamos buscando cambiar

nuestra propia opinión, para generar un punto de vista interno construido entre lo que pensábamos antes y lo que ahora nos están diciendo. Se denomina así porque este tipo de escucha genera empatía en la otra persona. Se siente comprendida, acogida y respetada.

Con esta definición de lo que significa *escuchar* de esta determinada forma creo que queda muy claro a lo que nos referimos con fase de EMPATÍA en el DesignThinking.

IDEA 9. ENTENDER. HERRAMIENTA «LAS PREGUNTAS DEL PERIODISTA»

Existen varias herramientas para «entender» en el DesignThinking: mapas de eras, mapas de tendencias, POEMs, DAFO's, etc. Lo que te voy a proponer es simplificar al máximo el proceso —sin que lleguemos al simplismo— con la finalidad de proporcionarte un método con sus herramientas que te sea ligero y fácil de implementar en HR.

Con esta filosofía y enfoque te entrego una sola herramienta para «entender». Posiblemente, la más fácil de comprender y aplicar: «las preguntas del periodista»:

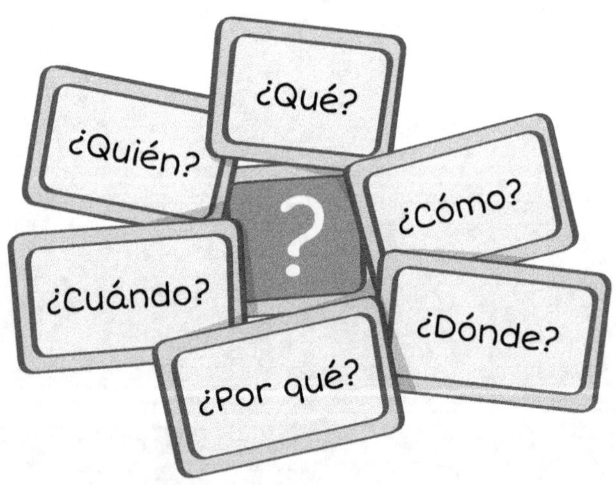

Ilustración 16: Herramienta para entender: «Las preguntas del periodista»

Para facilitar el uso de la herramienta he creado para ti varias preguntas a partir de cada una de las preguntas del periodista y que puedes hacerte para comprender mejor un reto o una situación al iniciar tu proyecto de innovación. Intenta responder por escrito el máximo de ellas:

¿Quién? –actores–. ¿Quién está involucrado? ¿Cuáles son los aspectos personales o que involucran a las personas del problema? ¿Quién lo hace? ¿Quién lo hará? ¿Quién lo utiliza? ¿Quién lo quiere? ¿Quién se beneficiará? ¿Quién será excluido? ¿Quién será incluido?

¿Qué? –acción– ¿Qué pasará? ¿Qué es? ¿Qué se hizo, qué se tuvo que hacer, qué no se hizo? ¿Qué se hará si pasa esto otro? ¿Qué salió mal o qué pudo ir mal? ¿Qué resultó al fin?

¿Cuándo? –tiempo–. ¿Cuándo pasará? ¿Cuándo ocurrió? ¿Puede ser retrasado? ¿Puede ser avanzado? ¿Preferimos que sea antes o después? ¿Cuándo debería ser si pasa esto otro?

¿Dónde? –escena o fuente–. ¿Dónde pasará o dónde pasaron? ¿Dónde más puede ser? ¿Dónde más puede pasar lo mismo o debería pasar lo mismo? ¿Hay otros lugares afectados/en peligro/protegidos/beneficiados? ¿Cuál es el efecto en personas o acciones al escoger este lugar?

¿Cómo? –método–. ¿Cómo fue? ¿Cómo podría haber sido prevenido/destruido/realizado/mejorado/alterado? ¿Cómo puede describirse/entenderse? ¿Cómo llegamos a esa conclusión?

¿Para qué? –propósito–. ¿Para qué se hizo? ¿Por qué no se evitó? ¿Por qué debería evitarse/permitir? ¿Por qué lo hizo esa persona? ¿Para qué lo hizo? ¿Sería diferente para otra persona, acción, tiempo, lugar? ¿Por qué esta acción, regla, idea, solución, problema y no otra?

Ejercicio 11. Diseñar las preguntas para un reto de HR

Como mi propuesta es que apliques el máximo posible de este libro en tu día a día, te invito a que diseñes esas preguntas para un reto específico de HR. Puede ser un reto real o puede ser un reto para practicar. En mi caso, durante el libro utilizaré varias veces el ejemplo de innovar en un proceso de *onboarding* como práctica.

Así pues, coge tu libreta y un bolígrafo, revisa las preguntas anteriores, elige 12 de ellas y adapta las preguntas para tu proyecto real o para un proceso de *onboarding*. Cuando lo tengas, puedes volver aquí y comparar tus respuestas con algunas que voy a crear. El ejercicio se trata únicamente de crear las preguntas, aunque si lo deseas, puedes aprovechar para responderlas.

Posible preguntas para un proceso de *onboarding* utilizando las preguntas del periodista:

- *¿Quiénes son las personas involucradas en el proceso de onboarding de mi organización? ¿Quién está siendo excluido actualmente durante el proceso de onboarding?*
- *¿Qué pudo salir mal o hacerse mejor del proceso de onboarding de la última persona que se fue antes de 1 año de permanencia en la empresa?*
- *¿Qué no se hizo de los últimos procesos de onboarding que debería haberse hecho? ¿Cuándo debería conocer el candidato/a a su equipo de colaboradores? ¿Podríamos adelantar en el tiempo la realización del contrato?*

- ¿Dónde estamos realizando las explicaciones del día de bienvenida a la persona que se incorpora?
- ¿Cuál es el efecto de que las personas conozcan a su manager y a su equipo vía online y no tengan contacto físico?
- ¿Cómo fue la incorporación de la última persona?
- ¿Cómo podríamos haber dado un mejor acompañamiento en los primeros días a las ultimas personas incorporadas?
- ¿Para qué enviamos al candidato/a los correos electrónicos que le enviamos antes de incorporarse? ¿Por qué enviamos esos emails y no otros?

IDEA 10. EMPATIZAR. HERRAMIENTA «EL MAPA DE EMPATÍA»

El mapa de empatía es una herramienta para conocer y empatizar en profundidad con las personas para las cuales deseamos desarrollar algún servicio o producto. La forma de utilizar el mapa es sencilla y tiene 4 pasos:

1º. Definir el perfil persona, arquetipo o colectivo para quien deseas innovar.
2º. Preparar las preguntas que harás previamente al propio Mapa
3º. Rellenar el mapa respondiendo a las preguntas en cada una de las partes del mapa
4º. Posteriormente al mapa, seleccionar aquellos aspectos detectados y que parezcan relevantes de resolver.

Veamos detalladamente:

En primer lugar, debes elegir sobre quien quieres empatizar. Es lo que se denomina un Arquetipo o un Perfil Persona. No vale generalizar y decir «sobre un empleado o empleada de la empresa». Tienes que ser algo más concreto y que represente a un colectivo que tengan aspectos comunes demográficos –sexo, edad, etc.–, de roles o de departamentos. Ejemplos de Arquetipos o Perfil persona:

- Persona del equipo de desarrollo o de I+D.
- Persona del comité de dirección
- Persona directiva de la empresa
- Persona mando intermedio

Seríamos más concretos si dijéramos: «Persona del equipo de desarrollo con menos de 5 años de experiencia» o «Persona mujer del comité de dirección» o «Mando intermedio de áreas operativas —logística, producción, etc.—». La concreción tiene una ventaja/inconveniente: innovaremos para un colectivo más concreto, pero innovaremos más específicamente y con mayor probabilidad de éxito.

Una vez tengas decidido el arquetipo, puedes ponerlo en el centro del mapa de empatía, que debería tener un aspecto similar al siguiente:

Ilustración 17: El mapa de empatía

En segundo lugar, escoges de una en una las áreas del mapa de empatía y te preparas las preguntas relacionadas con esa área. Aquí te comparto algunas de las preguntas que suelo prepararme cuando facilito esta dinámica en entornos profesionales. Seguro que te ayudarán en tus primeros mapas de empatía:

- Para el área **¿Qué oye la persona?**, preguntas como: *¿Qué le dice su pareja en tal o cual situación? ¿Qué le dice su jefe? ¿Qué le dice su mejor amiga/o? ...*
- Para el área **¿Qué piensa y siente dicha persona?**, preguntas como: *¿Qué le importa durante tal o cual momento? ¿Cuál es su principal preocupación en tal o cual situación? ¿Cuál es su mayor aspiración en su rol ...*
- Para el área **¿Qué ve?**, preguntas como: *¿Qué ve que sucede en las empresas de la competencia? ¿Qué ve en publicaciones o artículos en internet? ¿Qué ve que hacen sus amigos? ¿Qué ve que sucede con sus anteriores compañeros en otras empresas?...*
- Para el área **¿Qué dice y hace?**, preguntas como: *¿Qué le dice a su pareja al llegar a casa por la tarde? ¿Qué le dice a su mejor amigo/a de tal o cual situación? ¿Qué comenta con sus compañeros de departamento en las conversaciones informales —p. e. en la máquina de café—?...*
- Para el área **Frustraciones y obstáculos**, preguntas como: *¿Cuál es su mayor miedo en tal o cual momento? ¿Cuál es la mayor frustración que vive en tal o cual proceso? ¿Cuál es el mayor obstáculo en tal o cual espacio?*
- Para el área **Deseos, Éxitos y Ganancias**. preguntas como: *¿Qué sería una situación de éxito en tal o cual proceso? ¿Qué sería un "wow efect" entendido como un momento o situación de sorpresa agradable para el cliente?*

En tercer lugar, llevas a cabo el mapa de empatía a partir de las preguntas anteriores volcando en post-its® en el mapa las respuestas que surjan. A pesar de ser así de simple, existen 2 enfoques diferentes en el uso de los mapas de empatía, en función de las personas que participen en su elaboración:

1. El uso proyectivo, donde las personas que participan NO son clientes ni representan el arquetipo. Este modo incluye la realización del mapa por ti misma/o de forma individual.
2. El uso etnográfico, donde las personas que participan son muestra del arquetipo y que nos transmitirán directamente sus puntos de vista.

Y, finalmente, en el cuarto paso revisarás las respuestas en busca de conceptos que parezcan relevantes para luego idear sobre ellos.

Para comprender el mapa de empatía, mejor te invito a practicar con un ejemplo detallado de uso como herramienta proyectiva —Enfoque 1—, y con un uso individual, o sea, tú solo o sola frente el mapa. Si quieres, toma papel y bolígrafo.

Empieza por el área de QUÉ OYE. Genera una lista de 4 o 5 preguntas relacionadas con lo que alguien de su entorno le dice. Para ayudarte puedes utilizar algunas de las que te he compartido anteriormente. Ahora lee para ti cada una de estas preguntas y esfuérzate por dar 2 o 3 respuestas a cada una de esas preguntas. Escríbelas en tu libreta o en post-its.

Aquí te invito a que seas creativo y a que no autolimites ni censures los pensamientos o conceptos que te surjan cuando te vengan a la cabeza. Sencillamente, apúntalos en una hoja. Ya los evaluarás más adelante. Ahora es momento de divergir. ¡Cuantas más inspiraciones, mejor!

Luego haces lo mismo para el área de QUÉ PIENSA Y SIENTE. Generas una lista de 4 o 5 preguntas y te las haces, dando varias respuestas a esas preguntas.

Luego QUÉ VE, luego QUÉ DICE, luego te haces preguntas relacionadas con sus ESFUERZOS –sus miedos, obstáculos y frustraciones– y finalmente generas y te haces las preguntas para los RESULTADOS que espera tener –preguntas sobre deseos, sobre medida del éxito, sobre efecto WOW!–.

A partir de que tengas todo el mapa lleno con decenas de respuestas/conceptos relacionados con lo que oye, ve, siente, aspira, frustraciones y factores de éxito, etc., verás que has adquirido un conocimiento empático mucho más profundo de la persona.

Por otro lado, si quieres conseguir más respuestas, más inspiraciones y más diversidad, puedes hacer una sesión de trabajo o *workshop* con 3 o 4 personas del departamento de RR. HH. El proceso es ligeramente diferente, puesto que te recomiendo que las preguntas para cada uno de los 6 bloques te las prepares con tranquilidad de forma previa, dedicando la sesión de trabajo de equipo únicamente para hacer las preguntas y recoger todas sus respuestas y pensamientos.

¿Y después, qué? Después de rellenar el mapa tienes que detectar posibles focos creativos sobre los que idearás en una fase posterior de DesignThinking. Estos focos creativos te permitirán desarrollar servicios que:

resuelvan los PAINS, o sea, eviten las frustraciones y sufrimientos de la persona.

potencien los GAINS, o sea, fomente los parámetros de éxito de la persona.

Por otro lado, como la mejor forma de dominar este aprendizaje es «haciendo mapas de empatía», te invito a realizar uno de ellos junto a 2 personas de confianza de tu departamento.

Ejercicio 12. Realizar un mapa de empatía junto con 2 personas de tu organización

   a. Selecciona previamente el perfil persona o arquetipo sobre quien harás el mapa.
   b. Prepara las preguntas para cada una de las 6 áreas de conocimiento del mapa de empatía –por ejemplo, 3 preguntas por cada área–.
   c. Invita a 2 compañeros/as de tu organización al *workshop* del mapa de empatía.
   d. Facilita la sesión, que durará aproximadamente una hora.
   e. e. Recuerda ir realizado las 3 preguntas de cada bloque y recogiendo los post-it® de cada una de las 2 personas que has invitado.
   f. Al día siguiente, analiza en un espacio de tranquilidad y calma toda la información recogida, buscando espacios interesantes sobre los que valga la pena idear para resolver frustraciones del «perfil persona» o para generar momentos de éxito.

La otra forma de uso, el uso etnográfico del mapa de empatía, se realiza de forma similar pero, en este caso, invitando a la sesión a 2 personas que correspondan con el perfil persona o arquetipo que deseas entender y empatizar.

Ejercicio 13. Utilizar el mapa de empatía para entrevistar a un/a empleado/a

El ejercicio será muy similar al anterior, con una salvedad: las preguntas debes formularlas directamente en segunda persona: «¿Qué te dice tu pareja?», «¿Qué te dice tu jefe?», «¿A qué aspiras?», «¿Cuál es tu mayor miedo?», etc.

En cualquier caso, después de finalizar el mapa, analiza lo que la persona te ha compartido buscando obstáculos, *pains* –malestares–, miedos, así como *gains*, oportunidades o criterios de éxito de la persona.

Ahora ya estás en disposición de pasar a la etapa de «*reframe*» –Idea 13– para construir los espacios de ideación o «focos creativos» donde habrá oportunidad de innovar.

IDEA 11. EMPATIZAR. HERRAMIENTA «LA ENTREVISTA ETNOGRÁFICA».

Para comprender esta herramienta, lo primero que haremos será entender que es una entrevista y segundo ver la diferencia entre una entrevista convencional y una etnográfica.

La entrevista es una estrategia para hacer que la gente hable sobre lo que sabe, piensa y cree. Es una situación en la cual el investigador-entrevistador obtiene información sobre algo interrogando a otra persona —entrevistado, informante, cliente, empleado/a—. Esta información suele referirse a la biografía, al **sentido de los hechos**, a **sentimientos**, **opiniones** y **emociones**, a las normas o estándares de acción, y a los valores o conductas ideales.

El peligro de las entrevistas, según Briggs, es que si las normas comunicativas del entrevistado son distintas de las del entrevistador/a, este o esta le imponga las suyas. Por eso, cuando queremos conocer en profundidad lo que el cliente o empleado/a realmente sabe, piensa o sueña es buena práctica el uso de la NO DIRECTIVIDAD evitando preguntas cerradas y preestablecidas. Esto es una **entrevista etnográfica.**

La **no directividad** se funda en el supuesto del «hombre invisible»: No utilizar cuestionario ni preguntas prestablecidas favorece la expresión de temáticas, términos y conceptos más espontáneos y significativos para el entrevistado/a. «Aquello que pertenece al orden afectivo es más profundo, más significativo y más determinante en los comportamientos que el comportamiento intelectualizado».

Sí es cierto que no vamos a la entrevista sin nada, sino que crearemos, previamente a la entrevista etnográfica, una **guía de entrevista** que nos ayudará como entrevistadores/as a que la conversación se dirija hacia donde sea adecuado para que sea provechosa para nuestra investigación, y a partir de aquí escucharemos en profundidad.

Este tipo de escucha implica ser capaces de captar el mensaje de nuestro interlocutor sin prejuicios, poniéndonos en su rol, apoyándole y aprendiendo de su experiencia. Escuchamos con la intención de comprender sus sentimientos. Activamos nuestra capacidad de ponernos en el lugar del otro. Escuchamos con la intención de comprender sus necesidades. Todo ello porque nos interesa detectar lo que la persona entrevistada piensa y sueña, e incluso encontrar «*insights*» que hablen de sus necesidades latentes, de las cuales, probablemente la propia persona entrevistada es inconsciente. Puedes ver en el siguiente diagrama estos conceptos:

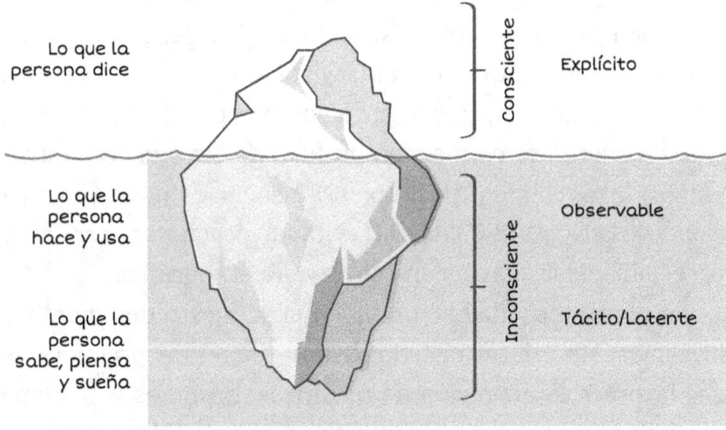

Ilustración 18: Gráfica sobre la entrevista etnográfica

¿Te ha sucedido alguna vez con alguien que la persona dice una cosa pero luego hace otra diferente? Pues esto es lo que intentamos evitar con el uso de esta herramienta: que los empleados/as nos digan una cosa y luego, cuando les demos la solución, resulte que no la usen o hagan algo distinto. Queremos asegurarnos de que lo que ofrecemos sea deseable por parte de nuestros usuarios.

Para entender cómo realizamos las entrevistas etnográficas vamos a hacerlo mediante un pequeño ejercicio de lo que se considera una pregunta «adecuada» y lo que se considera una pregunta «inadecuada» para una entrevista de este tipo. Te recomiendo que frente a cada pregunta que te voy a proponer reflexiones durante unos segundos antes de continuar leyendo. Veamos 5 preguntas como ejemplos prácticos:

¿Crees que es una buena idea xxxxxxx?
¿Cómo estas gestionando ahora tu problema?
¿Qué implicaciones tiene para ti xxxxxx?
¿Utilizarías un servicio que hiciera xxxxxxx?
¿Por qué te preocupa xxxxxx?

Reflexiona durante unos segundos sobre cada pregunta si te parece una pregunta adecuada o no para una entrevista NO directiva.

Aquí tienes las soluciones:

¿Crees que es una buena idea xxxxxxx? es una pregunta inadecuada para una entrevista etnográfica. La buena práctica o el aprendizaje es que «*la gente te dirá lo que quieres oír, o peor, te mentirá si piensa que eso es lo que quieres escuchar*». Por tanto, con preguntas como esta puedes recopilar «falsos positivos» y trabajar en vano. Recuerda: las opiniones no valen nada.

¿Cómo estas gestionando ahora tu problema? es una pregunta adecuada para estas entrevistas. Además de darnos información directa y de calidad, también nos da información indirecta y es que *«si tus clientes o empleados/as no han buscado maneras ya de resolver el problema, no tienen por qué utilizar la tuya»*.

¿Qué implicaciones tiene para ti xxxxxx? es una pregunta adecuada para estas entrevistas. La buena práctica es que *«si para tu cliente el supuesto problema no tiene implicaciones, es que quizá el problema en realidad no importa tanto o no duele tanto»*. Recuerda: algunos problemas, en realidad, no importan o no necesitan solución.

¿Utilizarías un servicio que hiciera xxxxxxx? es una pregunta inadecuada para una entrevista etnográfica. La buena práctica es que «si preguntas una opinión y con un condicional, en general, será una mala pregunta. Los futuros hipotéticos suelen ser demasiado optimistas». Recuerda: los hipotéticos te pueden llevar a falsos positivos.

¿Por qué te preocupa xxxxxx? es una pregunta adecuada. Buena práctica: *«Hasta que no entiendas las metas y motivaciones de tus empleados, estarás disparando a ciegas con tus propuestas»*.

Por otro lado, a la hora de realizar la propia entrevista será tan importante tu actitud y tus comportamientos como la calidad de las preguntas. Por este motivo, te comparto algunas recomendaciones clave en una entrevista etnográfica:

- Habla menos de lo que ya hablas normalmente
- No interrumpas cuando la persona esté hablando. Personalmente, te recomiendo dejar 3 segundos desde

que creas que la persona ya ha acabado de hablar antes de hacer otra pregunta no directiva.

- Haz preguntas importantes y que te aporten valor dirigidas a:
  - Conocer su día a día
  - Conocer sus problemas
  - Conocer sus comportamientos
  - Conocer sus limitaciones
  - Conocer sus motivaciones
  - Conocer sus objetivos
- Huye de los cumplidos... son una mala señal
- Evita la información genérica, hipotética y futura
- Evita entusiasmarte y empezar a vender tus ideas
- Evita explicar la idea para justificar la razón de la reunión. Es importante que no detalles el proyecto en el que estás trabajando para no condicionar ni dirigir la entrevista.
- **Identifica preguntas clave que de forma inconsciente te da miedo preguntar.** Este es un punto interesante al que te recomiendo que prestes atención. Algunas de las preguntas incómodas que no quieres hacer o que evitas hacer en una entrevista con clientes te pueden llevar a no dedicarle tiempo a algo que a ti te gusta o tú quieres pero que tus clientes o empleadas/os no van a utilizar.

Y, ¿cómo preparar una Guía de Entrevista Etnográfica?

Pues lo ideal es escoger unas cuantas preguntas abiertas y unas cuantas «buenas preguntas» y asegurarte de que se las vas haciendo a tu cliente durante la entrevista tejiendo la conversación adecuadamente. ¡Todo un arte!

Personalmente, me gusta mucho comenzar la entrevista con la siguiente pregunta:

- *«Si te pregunto sobre el tema xxxxxx , ¿qué te viene a la mente o que tienes en mente?»,*

donde xxxxxx puede ser el tema central de mi proceso de innovación. Por ejemplo, si estoy innovando sobre el proceso de incorporación u *onboarding* de un nuevo/a empleada/o, entonces la pregunta sería:

- *«Si te pregunto sobre el onboarding en la empresa, ¿qué te viene a la mente o qué tienes en mente?».*

A partir de ahí, puedo hacer algunas de las preguntas siguientes:
- *«¿Y cuál es el reto según tú? –cuál es la dificultad o el problema–».*
- *«Y tú, ¿qué quieres que suceda? –qué es lo realmente importante aquí–».*
- *«¿Y cómo crees que puedo ayudar yo? –o qué te podría ser de ayuda–».*
- *«¿Y qué crees que podría ser una buena idea? –o qué podría ser un primer paso hacia la solución–».*
- *«¿Cómo estás gestionando ahora este problema?».*
- *«¿Qué implicaciones tiene para ti xxxxxx?».*
- *«¿Por qué te preocupa xxxxxx?».*
- *«¿Y QUÉ MÁS? –la mejor pregunta jamás inventada–».*

Finalmente, aquí te comparto algunas buenas preguntas que conviene que tengas preparadas para cualquier entrevista que hagas organizadas por el objetivo de la pregunta:

PARA PROFUNDIZAR:

- *¿Por qué dices eso?*
- *¿Me podrías dar más detalles?*

PARA ENCONTRAR RAZONES TRAS UNA PETICIÓN

- *¿Para qué quieres eso?*
- *¿Qué podrías hacer si lo tuvieras?*
- *¿Cómo lo haces ahora?*

PARA HALLAR MOTIVOS EMOCIONALES

- *¿Podrías contarme más?*
- *¿Por qué crees que no has sido capaz de solucionarlo hasta ahora?*
- *¿Por qué te gusta tanto?*
- *Eso parece molestarte bastante... Apuesto a que hay una historia detrás.*

Realmente, con estas 18 preguntas que te he proporcionado tienes más que de sobra para poder realizar ya tu primera entrevista etnográfica. Por tanto, te recomiendo que pases a la acción.

Ejercicio 14. Realiza una minientrevista etnográfica a un/a empleado/a

Prepara un tema sobre el que quieras conocer la opinión profunda de una persona empleada o de un cliente/a de un servicio que ofreces.

Prepara 5 preguntas de las que anteriormente te he compartido. La pregunta de inicio y cuatro más.

Realiza la entrevista etnográfica. En algunos casos podemos pedir permiso para grabar el audio de la conversación.

Después de finalizarla, analiza lo que la persona te ha compartido buscando obstáculos, *pains* −malestares, miedos−, así como *gains* −oportunidades o criterios de éxito de la persona−.

Ahora ya estás en disposición de pasar a la etapa de «*reframe*» −Idea 13− para construir los espacios de ideación o «focos creativos», donde habrá oportunidad de innovar.

IDEA 12. EMPATIZAR. HERRAMIENTA «MAPA DE EXPERIENCIA DE EMPLEADO/A»

*«No es posible resolver los problemas de hoy
con las soluciones de ayer».*
Roger Van Oech

El mapa de experiencia de empleado/a o de usuario nos sirve para conocer las experiencias que vive una persona para la cual queremos desarrollar servicios deseables y que le impacten positivamente.

Para crear un mapa de experiencia, seguiremos la plantilla de la ilustración 19. En primer lugar, dedicaremos unos instantes en pensar cuáles son las etapas que vive la persona. Por ejemplo, si estamos pensando en innovar en nuestro proceso de *«onboarding»*, empezaremos por las etapas previas a que la persona llegue a la empresa, seguiremos por las etapas intermedias y finalizaremos con las etapas de un tiempo después del servicio. Como ejemplo, nos pueden surgir las 7 etapas siguientes:

- **Etapa 1.** 3 meses antes de su incorporación, cuando todavía no estaba pensando en cambiar de trabajo.
- **Etapa 2.** 1 mes antes del día 1 de incorporación, cuando ya estaba buscando trabajo.
- **Etapa 3.** Entre 2 y 3 semanas antes de su incorporación, durante el proceso de selección e incluyendo la firma del contrato.
- **Etapa 4.** El día previo a su incorporación y el día 1 o día de su incorporación.

- **Etapa 5.** La semana de su incorporación.
- **Etapa 6.** Las 3 semanas de proceso in-company de formación, adaptación y acompañamiento.
- **Etapa 7.** 2 meses después de haber finalizado el *onboarding*, cuando ya está totalmente integrado en la empresa.

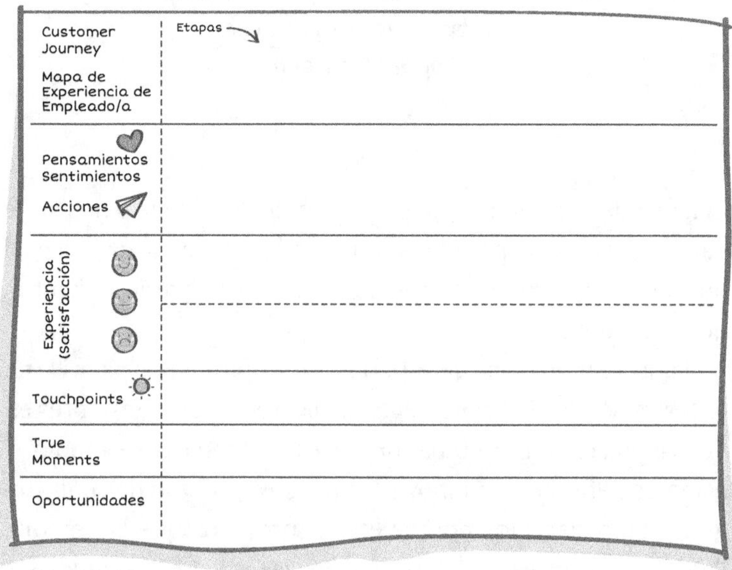

Ilustración 19. Plantilla completa de un mapa de experiencia de empleado/a

A partir de ahí, cuando ya tenemos las fases definidas, dedicaremos un tiempo a pensar sobre los SENTIMIENTOS, ACCIONES Y PENSAMIENTOS que tiene, vive y siente nuestro cliente/a o empleado/a en cada fase para conocer, por ejemplo, cómo se siente cuando busca trabajo, qué hace los días del *onboarding* y cuáles son sus pensamientos cuando ya lleva 3 meses trabajando —recuerda escribir tus ideas en post' its o en una hoja, dado que para 7 etapas y 3 aspectos, puedes llegar a tener 7×3=21 ideas/conceptos— . A partir de ahí tendremos un conocimiento importante de sus experiencias.

Ahora trabajarás sobre cómo crees que son, en cada etapa, sus experiencias: positivas, negativas o neutras, y dibujarás la gráfica.

Sigue después con los TouchPoints o puntos de contacto con la empresa —por ejemplo, cuando está buscando trabajo, un TouchPoint puede ser Infojobs®, o cuando está en proceso de entrevistas, el TouchPoint es la persona del área de Recruitment mediante el correo electrónico—.

Finalmente, marca los que tú consideres que son los momentos de la verdad para tu proceso completo. No debería haber más de 3, máximo 4. Por ejemplo, un momento de la verdad puede ser cuando le hacemos la propuesta de contratación —condiciones laborales, condiciones económicas, etc.—.

Finalmente, escribe dónde ves OPORTUNIDADES. Estos serán los focos creativos sobre los que luego podrás idear. Estas oportunidades no dejan de ser, de nuevo, *pains* o frustraciones que puedas haber detectado en cualquiera de las fases, o *gains* o éxitos en esas mismas etapas.

Ejercicio 15. Realiza un mapa de experiencia de un proceso de onboarding

Prepara un tema sobre el que quieras realizar un mapa de la experiencia que el/la empleado/a puede vivir.

Determina las etapas temporales de la experiencia —te recomiendo que, como máximo, sean 6 o 7—.

Rellena el mapa a partir de la plantilla de la imagen del mapa de experiencia.

Detecta los puntos de contacto y los momentos de la verdad.

Después de finalizarla, analiza lo que la persona te ha compartido buscando obstáculos, *pains* –malestares, miedos–, así como *gains* –oportunidades o criterios de éxito– de la persona y ponlo en la parte de «oportunidades».

Otra opción es realizar el mapa de experiencia junto con varias personas de tu departamento. Esto hará que el mapa esté mucho más completo y enriquecido, tanto con tus puntos de vista como con los puntos de vista, ideas, opiniones y percepciones de tus compañeros/as.

Una vez finalizado el mapa, ya estás en disposición de pasar a la etapa de «*reframe*» para construir los espacios de ideación o «focos creativos», donde habrá oportunidad de innovar aunque también es posible que, tras este conocimiento más profundo de la experiencia de la persona, decidas que replanteas el problema y que ya no quieras innovar sobre el problema que tu creías que la persona tenía, sino sobre el que ahora has visto que realmente tiene.

IDEA 13. LA FASE 2: REDEFINIR EL PROBLEMA Y SUS HERRAMIENTAS

«La empatía reside en la habilidad de estar presente sin opinión propia».
Marshall Rosenberg

Uno de los conceptos que más llama la atención cuando utilizamos las primeras veces la metodología del DesignThinking es el hecho de que empezamos el proyecto de innovación inspirados por un problema, pero **no para resolver ese problema**. Esto tiene una sencilla explicación: en entornos VUCA de mucha complejidad y con problemas «perversos» –como dicen en inglés, *«wicked problems»*–, pensar que el problema que tenemos es el problema que hay que resolver puede llevarnos a error. En entornos complejos, muchas veces el problema que tenemos es consecuencia de un patrón mucho más profundo y desconocido de otro reto que tenemos que descubrir. Así mismo, en estos entornos los problemas suelen ser «multifactoriales», de forma que si intentamos ir directamente al reto y resolverlo, aparecen efectos secundarios o imprevistos que nos hacen la vida imposible.

La solución pasa por iniciar el proceso de DT por la fase de ENTENDER y EMPATIZAR para conocer lo que realmente sucede, cómo se sienten, piensan y qué desean las personas relacionadas con el reto, y desde ahí investigar y analizar para encontrar el verdadero problema que queremos resolver. Pues esto es la **FASE2: Re-definir el problema.**

Una de las herramientas que utilizamos es la plantilla, lienzo o Canvas del «*How Might I...*» o HMI.

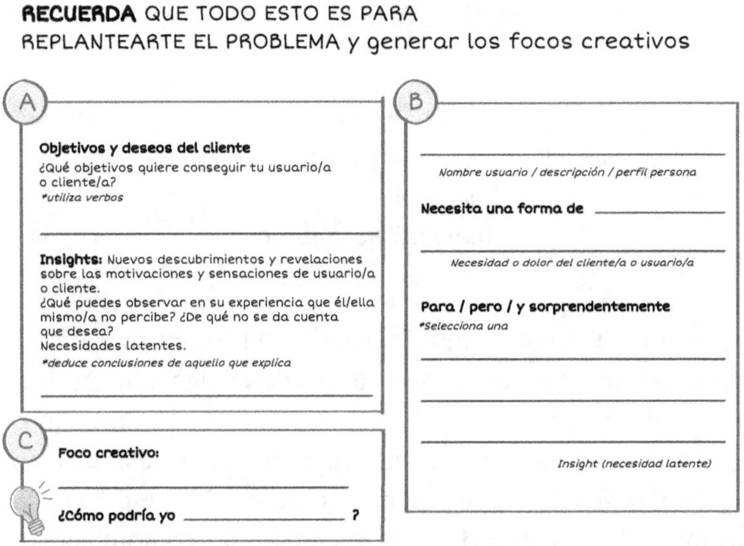

Ilustración 20. Plantilla para reformular y redefinir un reto de innovación

Se trata de una plantilla en la que seguimos los siguientes pasos:

Primero analizamos la información de las entrevistas etnográficas realizadas, de los mapas de empatía realizados, de los mapas de experiencia llevados a cabo y del resto de dinámicas o ejercicios que hayamos hecho en relación con la fase de entender y empatizar. Con esa información construimos una lista lo más exhaustiva posible de *Pains/Frustaciones/Miedos* y de *Gains/Deseos/Éxitos*. Con esa lista crearás un conjunto de objetivos que quiere conseguir tu cliente o usuario, a ser posible con el uso de verbos respondiendo a la pregunta: *¿Qué objetivos quiere conseguir nuestro empleado/a?*

En segundo lugar, y con ese mismo análisis, podemos respondernos a la pregunta «*¿Qué he podido observar que él o ella mismo/a no se da cuenta que quiere o necesita?*». La respuesta a esta pregunta es lo que se denominan «*insights*» o necesidades latentes, deseos de nuestro usuario/a de los cuales no es consciente.

En tercer lugar, generaremos frases del tipo: «Mi cliente [*aquí su nombre*] necesita una forma de [*Necesidad, frustración o deseo del cliente*] para/pero/sorprendentemente [*aquí un insight*]».

Y, finalmente, generaremos con la técnica HMI una pregunta del tipo: ¿Cómo podría yo [*aquí una frase que dé respuesta a la necesidad o deseo del cliente*]? Por ejemplo: ¿Cómo podría yo *ayudar al empleado/a a sentirse más cómodo en sus entrevistas laborales?*

Esto es lo que denominamos un FOCO CREATIVO.

En esta etapa de redefinición del problema es importante que te dediques únicamente a generar preguntas, o sea, a generar focos creativos y, por tanto, que controles tus ganas o deseo de responderlas. Estás en fase de reformulación y definición del problema, no en la fase de ideación.

Veamos todo ello con un ejemplo. Si realizando un mapa de empatía y algunas entrevistas etnográficas sobre un proceso de *onboarding* has detectado un «dolor» o una frustración en la persona que se va a incorporar porque «*el día de antes de su incorporación sufre pensando en que no conoce a sus compañeros/as y eso le incomoda*», los pasos al rellenar la plantilla serían:

a. OBJETIVOS Y DESEOS: nuestro/a empleada/o quiere conseguir sentirse cómodo/a el día de su incorporación y evitar el sufrimiento de encontrarse con personas desconocidas.

b. INSIGHTS: durante una entrevista etnográfica detectamos que determinados perfiles de personalidad sufren mucho con este tema debido a un tema de confianza previa, y esto les dificulta disfrutar de su nuevo trabajo los primeros días.

c. LA FRASE RESUMEN de todo ello: «*Luis necesita una forma de conocer a sus compañeros/as antes de su incorporación para ganar confianza con ellos/as y así poder disfrutar al máximo de su nuevo trabajo en los primeros días*».

d. **EL FOCO CREATIVO HMI: ¿Cómo podría yo –HMI– ofrecerle una forma de conocer a sus compañeros antes de la incorporación para que posteriormente pueda disfrutar al máximo de su trabajo durante la primera semana de *onboarding*?**

Recuerda que es muy importante NO responder a esta pregunta o foco creativo ahora –si se te ocurre alguna idea mientras formular la pregunta, puedes apuntarla en un post-it® y ponerla en el «párquin de las buenas ideas»–. Ahora solo es momento de generar el máximo de focos creativos posibles.

Para darte un dato de interés, teniendo en cuenta que puedas hacer 2 mapas de empatía, 3 entrevistas etnográficas y 1 mapa de experiencia, es fácil que hayas detectado unas 20 áreas de oportunidades positivas o *gains* y unas 30 áreas de oportunidades de mejora o *pains*/frustraciones/miedos. Por tanto, para un proyecto de innovación en HR de tamaño medio/grande, es fácil que acabes teniendo la posibilidad de tener hasta 50 focos creativos o espacios concretos donde poder innovar para aportar valor a tus empleados/as y resolver sus *pains* y proporcionarles *gains*. Mi recomendación es que realices un proceso de filtrado y selección para quedarte únicamente con unos 15 focos creativos o espacios sobre los que innovar. ¿Cómo? Selecciona aquellos en los que tengas la impresión de que habrá más facilidad para sorprender positivamente a tus empleados/as.

Y a partir de aquí ya estás preparada/o para pasar a la etapa de ideación. Aprovecho para volver a compartirte el diagrama de etapas del DesignThinking para que recuerdes dónde estamos. Como verás, hemos finalizado la fase de empatizar que ha tenido una etapa de divergencia –la realización de los mapas de empatía, las entrevistas etnográficas, etc.– y una etapa de convergencia para seleccionar los *pains*/frustraciones/miedos más relevantes y seleccionar los *gains*/éxitos/*wow's* de nuestro/a empleado/a. También hemos realizado la etapa de definición/ *reframe* donde ya hemos preparado los focos creativos mediante la herramienta HMI para ahora pasar a la ideación.

Ilustración 21. Las 5 etapas y los momentos de divergencia y convergencia

Ejercicio 16. Genera 5 focos creativos HMI a partir de *pains* o *gains* del proceso de *onboarding*

Ahora toca practicar. Coge la plantilla o tabla de HMI y convierte lo que has encontrado –con el mapa de empatía o el mapa de experiencia que hiciste sobre el proceso de *onboarding*– en focos creativos. Con 5 será suficiente.

IDEA 14. LA FASE 3: IDEACIÓN Y CREATIVIDAD

«Creativo/a no es un sustantivo ni un adjetivo,
es un verbo».
Austin Kleon

Seguramente, cuando piensas en el concepto «tener ideas» sabes lo que significa. Cuando a este concepto le añadimos la restricción de que las ideas sean creativas, o sea, diferentes, nuevas, frescas, inhabituales o incluso disruptivas, entonces «tener ideas» se complica. Pues bien, te voy a compartir el secreto mejor guardado de cualquier persona innovadora:

Para conseguir ideas creativas es necesario tener muchas.

De hecho, te diría que es necesario tener **muchísimas**. Por tanto, una sesión de trabajo o *workshop* de ideación tiene un solo objetivo: generar el máximo de ideas posibles. Para conseguir eso debes tener claros los **4 PRINCIPIOS DE LA GENERACIÓN DE IDEAS** que debes compartir al inicio de cualquier sesión de ideación y establecerlos como principios y leyes de trabajo en la sesión:

1. Toda crítica está prohibida *—cualquier crítica o comentario o broma o juicio o evaluación u opinión está prohibida—*.
2. Toda idea es bienvenida *—*¡TODAS!*—*.
3. Tantas ideas como sea posible *—se promueve la cantidad; cuantas más, mejor—*.
4. *Construir sobre la idea de otra persona es deseable.*

Y una recomendación: separa siempre la reunión, *workshop* o etapa de **generación** de ideas de la sesión de selección/ evaluación de ideas. Mi buena práctica personal es hacerlas incluso en días diferentes.

Para conseguir ser tú la primera persona que cumpla con las reglas anteriores es probable que tengas que hacer un trabajo personal interno. Me explico: no suele ser fácil apagar la voz interna que critica tus propias ideas o las de los demás, incluso antes de dar tiempo a ponerlas en un post-it® o de verbalizarlas. Tampoco suele ser fácil tomar contacto con el hecho real de que eres una persona supercreativa y que tienes la capacidad de generar cientos de ideas por hora, y que si «crees» que no puedes es porque esa voz crítica interna no te lo está permitiendo.

Para ayudarte con todo ello, te voy a explicar con una metáfora cómo funciona tu mecanismo de creatividad. La metáfora se basa en el hecho de que dentro de ti hay 2 voces. A una de ellas la voy a llamar «el gnomo de la creatividad» y a la otra «el Darth Vader de la creatividad».

Ilustración 22: El 'Gnomo' de la creatividad

El gnomo de la creatividad es un elemento psicológico interno muy sensible. Suele estar apoyado más en el hemisferio derecho del cerebro y, por tanto, cuenta con rasgos más analógicos, atemporales, holísticos, intuitivos y de expresión artística. Es un proceso mental relativamente lento —necesita varios segundos, incluso minutos, para activarse—, muy susceptible a las críticas y poco entrenado, excepto en personas que se dediquen muchas horas al día a procesos o trabajos creativos.

Ilustración 23: El «Darth Vader» de la Creatividad

El Darth Vader de la creatividad es un elemento psicológico interno muy fuerte. Al estar más bien apoyado en el hemisferio izquierdo, es racional, verbal, lineal, lógico y basado en la realidad. Es un proceso mental muy rápido —normalmente en menos de 1 segundo ya tiene respuestas o está preparado para darlas—. Es bastante crítico, de juicio y evaluación rápidas, y suele estar «en forma». Entre sus debilidades está el hecho de que se autoconsidera realista y que obtiene sus datos del pasado y de lo que en el pasado ha funcionado y lo que no ha funcionado, por lo que no suele ser permisivo con lo nuevo, lo diferente, y mucho menos con lo transgresivo, disruptivo o innovador.

Ahora que ya conoces las voces que hay dentro de ti es importante aprender a utilizarlas, gestionarlas y coordinarlas adecuadamente. Por ejemplo, si te pregunto ¿qué voz crees que debe ser la que participe en una sesión o *workshop* de creación de ideas?, verás que en cada sesión debe haber un invitado estrella y el otro debe quedarse en silencio.

¿Y qué sucede cuando Darth Vader no se calla en las sesiones de ideación?

Pues, entre otras cosas, que podemos acabar con la creatividad y generar la creencia, si la tienes, de que no eres una persona creativa cuando lo único que ha sucedido es que tu voz interna de Darth Vader le ha dicho ya demasiadas veces a tu gnomo que no es creativo, y tu gnomo ha decidido quedarse en silencio indefinidamente. Solución: permitir al gnomo tiempo para crear, espacios para crear y, sobre todo, mantener al Darth Vader callado.

También puede suceder que te «venga» una idea a la cabeza, y que antes de que te dé tiempo a escribirla o verbalizarla, algo dentro de ti te diga que esa idea no es buena, o no sirve, o no es innovadora, o no es creativa. E inmediatamente tu cabeza la descarta. Lo que realmente ha sucedido es que tu gnomo se ha activado, ha generado una idea perfecta y maravillosa para la etapa de ideación —recuerda que en esta etapa el único criterio es generar MUCHAS IDEAS—, y entonces, el Darth Vader que no has podido mantener en silencio se ha dedicado a evaluarla, juzgarla, criticarla y descartarla. Resultado final: una idea más que ha sido eliminada antes de ver la luz. Solución: permitirte expresar todas las ideas que vengan a tu cabeza y ponerlas en un post-it®.

También puede suceder que alguien genera una idea, la verbaliza, y antes de que nadie se haya dado cuenta, ya ha habido alguna otra persona −en concreto, el Darth Vader de otra persona− que ya ha expresado algo tipo «esta idea no es viable», o «esto ya lo hemos probado», o «¡vaya!, eso sí que es una mala idea», o algún otro comentario cínico, con lo que de nuevo se pierde la idea. Solución: siempre que alguien −su gnomo de la creatividad− dé una idea, tenemos que responder con algo del tipo «¡qué buena idea!».

En todos estos casos, lo que ha sucedido es que el gnomo creativo de alguien se ha «retirado vergonzosamente» a su casita para no volver a salir nunca más debido a la agresión sufrida por un Darth Vader que no ha tenido en cuenta la sensibilidad del gnomo.

¿Y qué sucede cuando el gnomo no se calla en las sesiones de selección de ideas?

Igual de importante es «desactivar» al Darth Vader durante la ideación creativa como «apagar la voz» del gnomo durante la selección de ideas. El peligro de no hacerlo es que no paremos de divergir y divergir, de forma que sigamos abriendo posibilidades, opciones y nuevas ideas motivados por nuestro gnomo interno, que está ávido de más posibilidades. En las sesiones de selección de ideas, la «voz cantante» la debe llevar Darth Vader de forma que aprovechemos sus talentos de evaluación y juicio de ideas para seleccionar las mejores.

Y todo este proceso de ideación, ¿para qué?

Todo lo que aprendas de la fase de ideación tiene un «*outcome*» o entregable esperado: ideas exitosas que merezca la pena convertirlas en soluciones a través de su prototipado. Ahora bien, ¿qué nos permite considerar una idea como exitosa? Pues en el caso de la innovación y en el DesignThinking consideramos una idea exitosa si es:

1. Deseable por parte del cliente-usuario-empleado/a
2. Viable económicamente, es decir, disponemos del presupuesto económico para poderla implantar y además tiene un retorno de la inversión aceptable.
3. Factible técnicamente, o sea, disponemos o podemos acceder a la tecnología para implantar dicha idea en un tiempo y con un esfuerzo razonables.

En el siguiente diagrama te muestro no solo lo que te acabo de compartir, sino lo que sucede con las ideas cuando alguno de los 3 aspectos no se cumple.

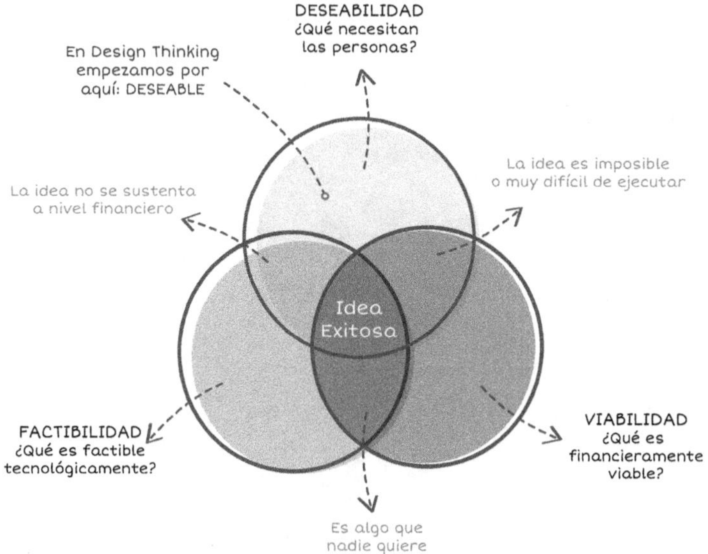

Ilustración 24: ¿Qué es una idea exitosa?

Y con todo esto clarificado, vamos a ver algunas herramientas concretas para idear sistemáticamente, idear más e idear mejor.

IDEA 15. IDEACIÓN: HERRAMIENTA «SCAMPER»

«La creatividad requiere tener el valor
de desprenderse de las certezas».
Erich Fromm

Una buena y bonita forma de generar muchas ideas es utilizando la capacidad del cerebro racional de enfocarse en algo concreto y «explorarlo», entendido como un proceso en el que desde ese algo concreto y enfocado podemos crear algo nuevo o «tener una idea» relacionada.

¿Cómo funciona la focalización de la creatividad? Veamos una forma práctica de hacerlo mediante la siguiente ilustración, basada en un «objeto» −un ladrillo− y 10 verbos. Coge una libreta y un lápiz y prepárate para practicarlo.

HERRAMIENTA DE IDEACIÓN: SCAMPER
Focalizar la creatividad

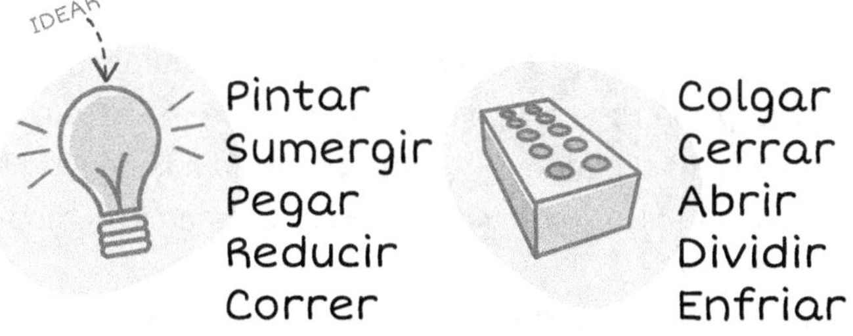

Ilustración 25: La técnica de focalización para crear

Ejercicio 17. Realiza una pequeña ideación respecto al ladrillo del dibujo anterior

Cogemos el primer verbo y nos preguntamos: ¿qué podríamos hacer con un ladrillo, que tuviera alguna relación con el verbo *pintar*? Mantén en tu cabeza la pregunta durante unos segundos –quizá hasta 20 o 30 segundos, no tengas prisas, cuida de tu gnomo de la creatividad– y apunta en tu libreta la idea que ha venido a tu cabeza. No la juzgues. Solo apúntala. Ladrillo y pintar.

Siguiente verbo y siguiente pregunta: ¿qué podríamos hacer con un ladrillo que tuviera relación con el verbo *sumergir*? Vuelves a mantener la pregunta en tu mente unos segundos y apuntas.

Siguiente verbo y siguiente pregunta: ¿qué podríamos hacer con un ladrillo que tuviera relación con el verbo *pegar*? Mantienes, sostienes el vacío y la espera en tu mente, y cuando venga la idea, la apuntas.

Y así, hasta los 10 verbos.

Cuando ya hayas finalizado, pregúntate: *¿de qué te has dado cuenta?* Apunta en tu libreta.

Y ahora puedes hacerte las siguientes preguntas de reflexión personal y autoconocimiento creativo:

¿Cuánto tiempo tarda tu «gnomo de la creatividad» en despertarse la primera vez y ponerse en acción? –¿3 segundos, 10 segundos, 30 segundos?–. ¿Has tardado lo mismo para las últimas preguntas que para las primeras? Conoce a tu gnomo.

¿Qué tal tu Darth Vader? ¿Te ha dejado idear con tranquilidad o surgía con pensamientos del tipo «qué tontería he pensado», «esto ya existe» o «qué salvajada»? Conoce a tu Darth Vader.

Evalúa o analiza ahora si estas «ideas» que has tenido te hubieran surgido con igual facilidad y naturalidad si hubiéramos hecho la pregunta genérica: *¿qué se puede hacer con un ladrillo?* Seguramente llegarás a la conclusión de que es muy útil enfocar. Esta es la gran diferencia entre un clásico *brainstorming* y una sesión creativa enfocada.

Aprovechando la ocasión, te comparto algunas de las respuestas a las preguntas anteriores «del ladrillo» que han surgido en algunas de las sesiones de creatividad que he facilitado alguna vez:

Pintar: «Utilizar el ladrillo para poner los pinceles después de su uso para que se sequen».

Sumergir: «Para sumergir a alguien en un pantano».

Pegar: «Para pegar dos objetos poniendo el ladrillo encima para que haga de peso».

Reducir: «Para reducir un objeto a trozos más pequeños dándole con el ladrillo».

Correr: «Para utilizarlo de pesas extras en la mochila cuando sales a correr para hacer deporte».

Colgar: «Para ponerlo en la pared colgado y allí colgar algunas perchas de ropa».

Cerrar: «Para cerrar una ventana... definitivamente».

Abrir: «Para mantener abierta una puerta y que no se cierre con el aire».

Dividir: «Para dividir una nuez en cáscara y parte comestible».

Enfriar: «Para hacer cubitos de hielo para el café con hielo del veranito».

Ahora que ya conoces la metodología de *«foco y creación»*, vamos a ver SCAMPER como proceso para sistematizar el enfoque y la ideación. SCAMPER es un acrónimo que consiste en hacerte preguntas en 7 áreas clave relacionadas con sus 7 letras: **S**ustitución, **C**ombinación, **A**daptación, **M**odificación, **P**oner en otros usos, **E**liminar y **R**eordenar.

Para facilitarte su puesta en práctica, he decidido compartir contigo preguntas para hacerte relacionadas con cada letra:

SUSTITUCIÓN

¿Qué más puede ser sustituido? ¿Quién más puede ser sustituido? ¿Podemos cambiar las reglas? ¿Otro proceso o procedimiento? ¿Otra fuerza? ¿Otro sitio? ¿Una aproximación diferente?

COMBINACIÓN

¿Qué ideas se pueden combinar? ¿Podemos combinar propósitos, intenciones? ¿Qué tal una colección? ¿Qué tal una agrupación? ¿Cómo podríamos empaquetar una combinación? ¿Combinar equipos o áreas? ¿Combinar atractivos?

ADAPTACIÓN

¿Qué más es como esto? ¿Qué otra idea te sugiere esto? ¿El pasado nos ofrece algún paralelismo? ¿Qué podríamos copiar?

¿Qué idea podríamos incorporar? ¿Qué otro proceso se podría adaptar? ¿En qué diferentes contextos puedo incluir mi concepto? ¿Qué ideas de otros campos diferentes?

MODIFICACIÓN

¿Qué podemos magnificar, ampliar o extender? ¿Qué podemos exagerar? ¿Qué podemos sobredimensionar? ¿Qué podemos añadir? ¿Más tiempo? ¿Más fuerte? ¿Más largo? ¿Qué tal con más frecuencia? ¿Características adicionales? ¿Qué puede dar valor añadido? ¿Lo podemos duplicar?

PONER EN OTROS USOS

¿Para qué más se podría usar? ¿Hay nuevas maneras de usarlo tal y como es, tal y como está? ¿Otros usos si lo modificamos? ¿Qué más se podría hacer a partir de esto? ¿Otras extensiones? ¿Otros CLIENTES/mercados?

ELIMINAR

¿Qué pasaría si fuese más SENCILLO? ¿Qué habría que omitir? ¿Lo tendría que dividir? ¿Reducir? ¿Hacer más eficiente? ¿Compactar? ¿Restar? ¿Eliminar? ¿Se pueden eliminar las reglas? ¿Qué hay que no sea necesario? ¿Qué nos revelaría un diagrama del proceso?

REORDENAR

¿Y si lo hago al revés? ¿Y si invierto el orden en que se hace? ¿Cómo podría conseguir el efecto contrario? ¿Considerarlo retrospectivamente? ¿Invertir los papeles? ¿Hacer lo que no se espera? ¿Puedo transponer positivo y negativo? ¿Cuáles son los opuestos? ¿Cuáles son los negativos? ¿Lo podemos girar? ¿Le podemos dar la vuelta?

Como son muchas preguntas, mi recomendación es que cuando tengas una sesión o *workshop* de ideación te prepares las preguntas y las ajustes para que estén más enfocadas. Por ejemplo, imagina que estás trabajando en un proyecto donde quieres innovar en el proceso de *onboarding* de tu organización, y durante la fase de empatizar y entender ha surgido que el día anterior a la incorporación y el día de la incorporación son muy estresantes para la persona que se incorpora y que te gustaría ayudarle con ello. Tendrías un foco creativo tipo: «*¿Cómo podría yo —HMI— hacerle la vida más ligera, fácil y alegre a una persona el día previo a su incorporación y el día de la incorporación?*».

Tu labor como facilitador/a de la innovación sería convocar a las personas a esta sesión de ideación, exponerlas a la pregunta anterior, es decir, presentarles el foco creativo mediante la pregunta HMI, y luego hacerles una serie de preguntas mediante SCAMPER. Aquí te comparto algunas preguntas que se me ocurren que podrías preparar para hacérselas a las personas que vengan al *workshop* de ideación:

SUSTITUCIÓN

[Facilitador/a]: «Escribe en un post-it lo primero que se te ocurra cuando te digo *¿QUÉ puede ser sustituido en el proceso de bienvenida del primer día de trabajo?* —espera unos segundos a que todo el mundo escriba lo que se le haya ocurrido sustituir— y ahora escribe en ese post-it una idea concreta para «*hacer más fácil la vida de la persona que se incorpora al sustituir eso*».

[Facilitador/a]: «Escribe en un post-it lo primero que se te ocurra cuando te digo ¿QUIÉN *puede ser sustituido en el proceso de bienvenida del primer día de trabajo?* —espera unos segundos a que todo el mundo escriba lo que se le haya ocurrido sustituir— y ahora escribe en ese post-it una idea concreta para «*hacer más fácil la vida de la persona que se incorpora al sustituir* a esa persona».

[Facilitador/a]: «Escribe en un post-it lo primero que se te ocurra cuando te digo ¿*Qué* LUGAR, SITIO O ESPACIO *puede ser sustituido en el proceso de bienvenida del primer día de trabajo?* —espera unos segundos a que todo el mundo escriba lo que se le haya ocurrido sustituir— y ahora escribe en ese post-it una idea concreta para «*hacer más fácil la vida de la persona que se incorpora al sustituir ese espacio*».

MODIFICACIÓN

[Facilitador/a]: «Escribe en un post-it lo primero que se te ocurra cuando te digo ¿*Qué podemos* AMPLIAR o EXAGERAR *del proceso de bienvenida del primer día de trabajo?* —espera unos segundos a que todo el mundo escriba lo que se le haya ocurrido sustituir— y ahora escribe en ese post-it una idea concreta para «*hacer más llevadera la vida de la persona que se incorpora al exagerar eso*».

[Facilitador/a]: «Escribe en un post-it lo primero que se te ocurra cuando te digo ¿*Qué podemos* DUPLICAR *en tiempo y dedicación del proceso de bienvenida del primer día de trabajo?* —espera unos segundos a que todo el mundo escriba lo que se le haya ocurrido sustituir— y ahora escribe en ese post-it una idea concreta para «*hacer más llevadera la vida de la persona que se incorpora al* duplicar ese tiempo».

ELIMINAR

[Facilitador/a]: «Escribe en un post-it lo primero que se te ocurra cuando te digo *¿Qué REGLA podemos ELIMINAR u OMITIR del proceso de bienvenida del primer día de trabajo?* –espera unos segundos a que todo el mundo escriba lo que se le haya ocurrido sustituir– y ahora escribe en ese post-it una idea concreta para *«hacer más llevadera la vida de la persona que se incorpora al* eliminar u omitir esa regla».

REORDENAR

[Facilitador/a]: «Escribe en un post-it lo primero que se te ocurra cuando te digo *¿Qué podemos REORDENAR del proceso de bienvenida entre el día de antes de empezar y el primer día de trabajo?* –espera unos segundos a que todo el mundo escriba lo que se le haya ocurrido sustituir– y ahora escribe en ese post-it una idea concreta para *«hacer más fácil la vida de la persona que se incorpora al* reordenar eso».

Ejercicio 18. Realiza una pequeña ideación respecto al proyecto de onboarding con SCAMPER

Ya lo tienes. A partir de aquí, y como siempre con la innovación, ¡es cuestión de practicar! Puedes aprovechar todas las preguntas generadas anteriormente junto con tus 5 focos creativos HMI que seleccionaste en la idea 13. Recuerda apuntar todas las ideas y aplicar los principios de ideación. ¡No juzgues tus ideas ahora!

IDEA 16. IDEACIÓN: HERRAMIENTAS «RELACIONES INSPIRADAS» Y «RELACIONES FORZADAS»

RELACIONES INSPIRADAS

Una de las herramientas que me ha demostrado generar más ideas disruptivas es el uso de imágenes evocadoras a través de las «relaciones inspiradas». Su uso es extremadamente sencillo, aunque para que seas capaz de crear posibilidades debes mantener a tu Darth Vader interno bajo control. Te cuento cómo funciona:

1. Selecciona una carta/imagen. Personalmente, me funciona muy bien hacerlo al azar.
2. Ahora, pensando en el foco creativo concreto −el HMI seleccionado−, espera a la inspiración. A veces necesitarás 1 o 2 minutos de silencio absoluto y no juicio para que la inspiración llegue.

Ya ves, así de simple. Veamos un ejemplo.

Imagina que el foco creativo corresponde a un proyecto de *onboarding*, y en concreto a la etapa del «día de antes de la incorporación» y del «día de la incorporación». Imagina que realizando el mapa de empatía o el mapa de experiencia te han surgido algunos temas –*pains*, obstáculos o miedos– relacionados con el hecho de que la persona que se incorpora no conoce a sus compañeros/as, no tiene confianza y no sabe qué sucederá, y, por tanto, sufre con todo ello.

Ahora selecciona una de las imágenes:

Ilustración 26: *Imágenes para relaciones inspiradas tomadas del juego DIXIT®*

Imagina que has seleccionado la imagen y que te ha surgido «la mujer recostada en el mar mirando el barco pequeño». ¿Qué te inspira esa imagen? ¿Qué viene a tu cabeza como posible idea para reducir ese miedo y esa frustración que la persona de la nueva incorporación tiene? ¿Cómo podría yo –HMI– hacer que conozca a sus compañeros/as antes de su incorporación? ¿Cómo podría yo –HMI– conseguir que su incorporación sea «como una suave llegada a puerto»? ¿Cómo podría yo –HMI– hacer que sus compañeros/as le hagan una bienvenida calmada?

Solo basta una de las preguntas anteriores, la carta, el concepto, la inspiración y 2 minutos para que algo venga a tu mente.

Apunta esa idea sin juzgarla ni evaluarla. Solo apunta. Y sigue. Elige otra imagen inspiradora y vuelve a ello. Tal y como vayas entrenando a tu gnomo a trabajar con imágenes y simbología, verás que tu capacidad de inspirar ideas maravillosamente disruptivas crece sin parar.

CONEXIONES FORZADAS

La técnica de ideación de las conexiones forzadas tiene similitudes con la anterior técnica. Para empezar, vuelve a ser muy importante mantener al Darth Vader interno bajo control y en silencio, permitiendo que surjan ideas que pueden resultar sorprendentes y hasta incómodas. Tú solo apunta.

Veamos cómo funciona:

1. Selecciona un objeto de tu alrededor. En mi caso, para facilitarte el ejercicio he seleccionado una pluma Parker.
2. Ahora divide el objeto en piezas. En todas sus piezas. Puedes hacerlo mentalmente. No es necesario que desmontes el coche familiar a piezas para hacer la dinámica.
3. Ahora selecciona 3 partes del objeto. Por ejemplo, siguiendo el diagrama siguiente podrías elegir «el tapón», «la punta» y el «depósito interior de tinta».
4. Ahora selecciona 3 cualidades de alguna de las partes. Pueden ser tanto de las partes seleccionadas como de cualquier otra. Por ejemplo, me quedo con la «flexibilidad del clip», con la «suavidad» de la carcasa o casco exterior y con la «redondez» del anillo de embrague.
5. Ahora selecciona 3 utilidades. Me quedo con la utilidad de «contener y dirigir» del alimentador de tinta, con la utilidad de «cerrar y fijar» del tornillo del clip y con la utilidad de «proteger» de la tapa.

6. Finalmente, fuerza preguntas HMI en las que aparezcan los conceptos anteriores.

Podemos hacerlo con el ejemplo del proyecto de innovación de *onboarding* y la situación anterior de la incomodidad o *pain* por no conocer a sus compañeros/as el día de la incorporación. Te doy algunos ejemplos:

- ¿Cómo podríamos –HMI– ayudar a que conozca a sus compañeros/as previamente a la incorporación + «suavidad»?
- ¿Cómo podríamos –HMI– hacer más fácil su incorporación + tapón?
- ¿Cómo podríamos –HMI– hacer que sus compañeros le faciliten la incorporación y la confianza + «proteger»?

Y así, sucesivamente.

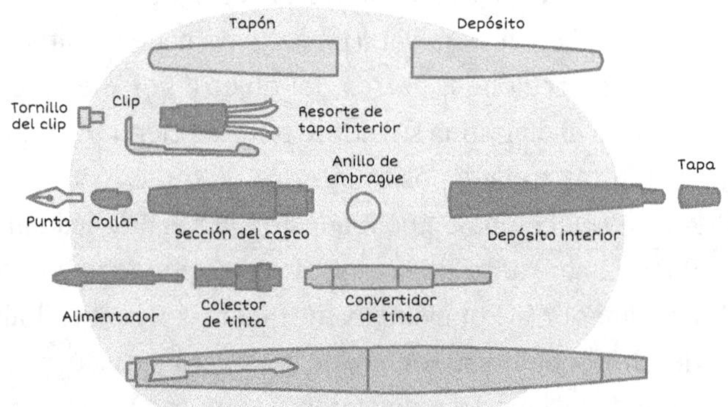

Ilustración 27: Conexiones forzadas para idear

Como seguramente sentirás, idear mediante el forzado de conexiones tiene también una cierta incomodidad cognitiva –digamos que no le gusta mucho a tu Darth Vader, porque él prefiere preguntas cerradas y construidas correctamente a nivel gramatical–. Por otro lado, si tienes a tu gnomo bien entrenado, será capaz de unir los conceptos y generar ideas disruptivas, frescas y creativas que de otra forma nunca habrían surgido de ti.

No digo que sea fácil, pero te aseguro que con práctica lograrás generar ideas que te sorprenderán. ¡Pruébalo!

Finalmente, y aprovechando que esta es la última herramienta relacionada con la creación de ideas, me gustaría hacerte un regalo. Se trata de una pizarra virtual en formato plantilla de mural.co donde puedes ver todo un proceso de ideación. Además de las herramientas de ideación que te he compartido en el libro, encontrarás alguna más especialmente diseñada y preparada para la colaboración digital e ideación en remoto. Espero que te sea útil y te guste:

Ejercicio 20. Mural de un «sprint de ideación». 6 herramientas de ideación y 1 herramienta de selección.

https://app.mural.co/template/95b6cedb-286f-4b4f-903d-bf8c6f485251/
d43c897f-54c7-4fcb-84e5-8b5e41877a53

IDEA 17. IDEACIÓN. HERRAMIENTA «MATRIZ DE SELECCIÓN DE IDEAS»

«La creatividad es inteligencia divirtiéndose».
Albert Einstein

A estas alturas del proceso te encuentras con un montón de ideas y necesitas sistemas ligeros para organizarlas. Piensa por un momento que si, por ejemplo, seleccionaste 10 focos creativos interesantes en la fase de *reframe*/redefinición, y para cada foco creativo has realizado un *workshop* o taller de ideación con alguna de las técnicas anteriores, puedes encontrarte fácilmente con 100 ideas por taller, que para 10 focos son... ¡1000 ideas! creadas durante la subetapa de ideación donde has divergido. Ahora toca convergir y disponer de buenas herramientas para seleccionar las mejores ideas ágilmente.

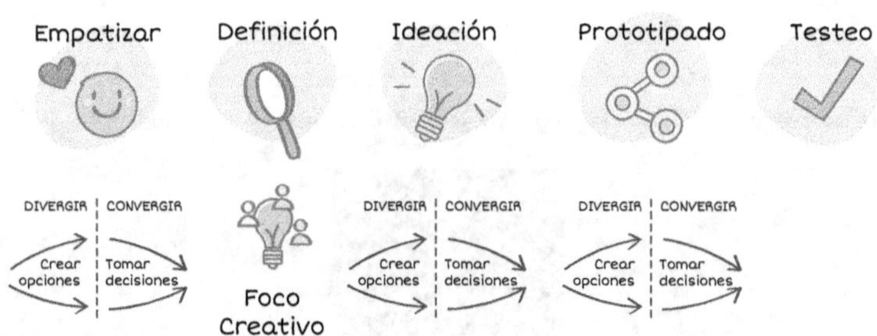

Ilustración 28: Las 5 etapas y los momentos de divergencia y convergencia

Uno de los que más me gustan para convergir y seleccionar ideas es la técnica del NOW, HOW, WOW, basada en cuatro cuadrantes como los del gráfico siguiente:

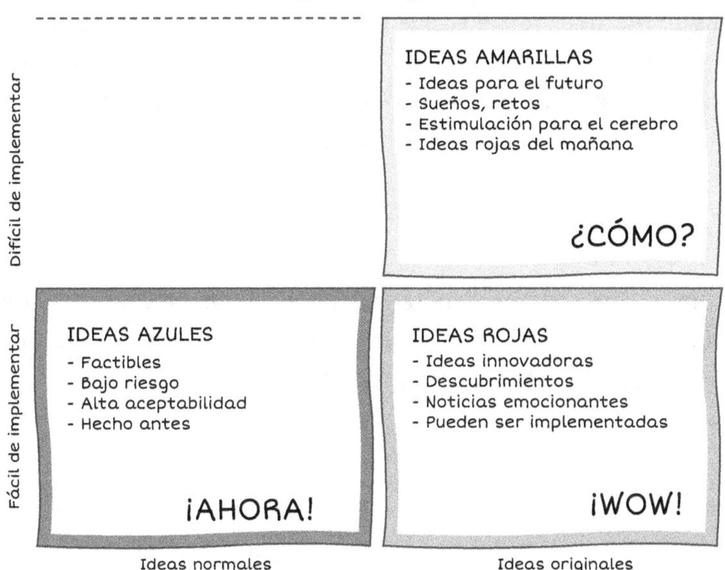

Ilustración 29: Organización de ideas mediante How, Now, Wow!

El método es muy sencillo: organizar las ideas en base a criterios de creatividad e implementación.

Una idea «normal» sin demasiada creatividad o sin demasiada novedad, pero que tenga la ventaja de ser fácil y rápidamente implementable, es una idea NOW o ¡AHORA!, es decir, una idea que podemos implementar ya.

Una idea «original» o novedosa, con serias dificultades de implementación, es una idea HOW o ¿CÓMO? que está esperando un momento oportuno de mayor facilidad en el futuro.

Una idea «original» con facilidad de implementación es una idea WOW! que podemos y queremos implementar ya, y por tanto, es una idea para pasar a la fase de prototipado.

Finalmente, una idea «normal» y que encima requiera mucho esfuerzo es una idea que debemos descartar.

La dinámica recomendada para implementarla es mediante algún método visual, ya sea una pizarra virtual online, ya sea en una pizarra o lienzo físico. Ver las ideas en «post-its®» colocadas en una pizarra con los 4 cuadrantes de la figura anterior nos permite organizarlas de forma más ágil.

Ejercicio 21. Organiza tus ideas

Como ejercicio práctico, te recomiendo que organices 20 de las ideas que has generado en el proyecto transversal de *onboarding* según NOW, HOW, WOW!

IDEA 18. IDEACIÓN. HERRAMIENTA «MATRIZ DE EVALUACIÓN DE IDEAS»

«Ser creativo significa estar enamorado de la vida. Usted puede ser creativo sólo si ama la vida lo suficiente para querer realzar su belleza, traer un poco más de música a ella, un poco más de poesía a ella, un poco más de baile a ella».
Osho

Otra forma de organizar y seleccionar las ideas es mediante una matriz de evaluación en hoja de cálculo. Si eres una persona detallista, de procesos o amante de las hojas de cálculo, esta es tu herramienta para evaluar ideas.

La propuesta es que primero fijes los criterios de selección para colocarlos en las columnas de la hoja, quizá un máximo de 6 criterios para evitar que el proceso de selección se haga tedioso o necesite demasiado tiempo. Estos criterios deberían ser tanto de **Deseabilidad** por parte del usuario/a o cliente del producto o servicio, como de **Factibilidad** técnica como de **Viabilidad** económica. Así, si por ejemplo has decidido utilizar 6 criterios en total, sería buena proporción utilizar 2 criterios de cada uno de los 3 factores anteriores. De esta forma, tienes que crear un Excel de 6 columnas de selección de ideas:

2 columnas, cada una con un criterio de factibilidad —ex: un criterio puede ser «dificultad técnica de implantación de la solución desde el departamento de HR»—

2 columnas, cada una con un criterio de deseabilidad –ex: un criterio puede ser «facilidad de uso por parte del empleado/a»–

2 columnas, cada una con un criterio de rentabilidad o viabilidad económica –ex, un criterio puede ser «el gasto por empleado» de la idea, y otro criterio puede ser «la inversión total para implantar la solución»–

MATRIZ DE EVALUACIÓN				
IDEAS	CRITERIO 1	CRITERIO 2	CRITERIO 3	TOTAL
IDEA 1				
IDEA 2				
IDEA 3				
IDEA 4				
IDEA 5				

Ilustración 30: Matriz de evaluación de Ideas mediante hoja de cálculo

A partir de ahí, el método es bastante sencillo. Describes la idea y luego la evalúas, por ejemplo, del 1 al 6 para cada uno de los criterios de selección, sumando el total de criterios. Las ideas con mejores totales son las que avanzarán a la fase de prototipado.

Este método tiene una variante: la ponderación. En algunos proyectos de innovación donde, por ejemplo, queremos darle más peso a la deseabilidad por parte del usuario/a o cliente, podemos crear en la hoja de cálculo una ponderación de forma que estos criterios de deseabilidad pesen más y se tengan en mayor consideración que los de viabilidad o de factibilidad para el cálculo del total.

IDEA 19. LA IDEACIÓN Y LAS BARRERAS A LA CREATIVIDAD

«Aprende las reglas como un profesional
para que puedas romperlas como un artista».
Pablo Picasso

No podía cerrar la etapa de ideación sin insistir de nuevo en el concepto más importante de esta etapa, en su fase creativa de divergencia: nada lo que te explique funcionará si no eres capaz de apagar tus «voces interiores» que pondrán barreras a tu creatividad o que «juzgarán» a tu gnomo interior.

Para tener claro de qué estoy hablando, te comparto algunos de los pensamientos o de las frases que pueden venirte a la cabeza, que puedes verbalizar o que alguien puede verbalizar en una fase de ideación y que debes «evitar» a toda costa, puesto que son barreras a la creatividad:

Sí, pero ¡esto ya existe!... ¡Nuestros clientes no quieren esto!... Los usuarios no quieren eso... No tengo tiempo... ¡NO! No es posible... ¡Es muy caro!... Por favor, sé realista... No es lógico... Necesitamos analizarlo más... No hay presupuesto para eso... Yo no soy creativo... No queremos tener errores... Mi jefe no estará de acuerdo... Haz algo real... No es mi responsabilidad... Será muy difícil de ejecutar... Es un reto demasiado grande... ¡Los demás no están aún preparados para ello!... Lo tendremos en cuenta... Esto es parecido a... Los mayores no lo utilizarán... A los más jóvenes no les gustará... Somos demasiado pequeños para eso... Esto funcionaría en otros lugares, pero no aquí...

¿Desde cuándo tú eres un experto?... Esto es para el futuro... No es deseable para nuestros clientes... ¡Qué idea tan loca!... ¡pero qué dices! —con tono sarcástico—...

¿Y cómo te puedes entrenar para que estos pensamientos no surjan o, al menos, que cuando surjan no los expreses y no te condicionen o dominen? La respuesta es sencilla: entrenando a tu Ser Creativo.

Hay una parte de ti, dentro de ti, que es un ser creativo por naturaleza. La propuesta es que entrenes a esa parte de ti para que la potencies y, llegado el momento, sea capaz de controlar a tu Darth Vader y al de otros.

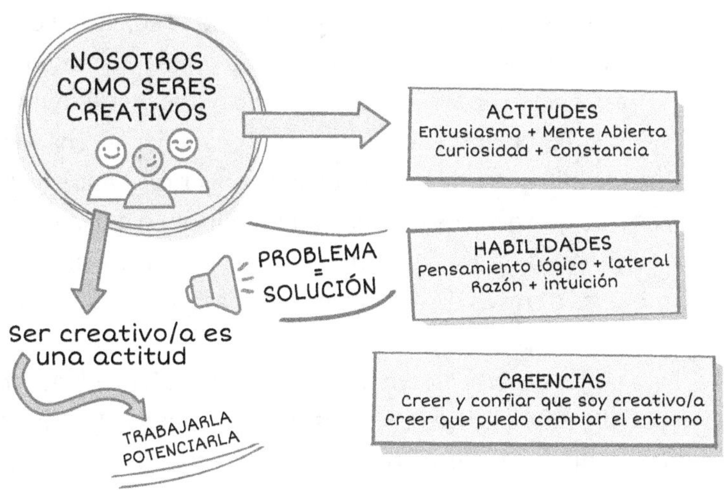

Ilustración 31: La Actitud de ser un Ser Creativo

Para ello, es necesario activar una serie de actitudes, desarrollar una serie de habilidades y promover una serie de valores. Veamos:

a. Necesitas activar y cultivar una actitud de entusiasmo frente a las novedades, de mente abierta por aquello diferente, de curiosidad por descubrir y de constancia por sostener todo ello.

b. Necesitas desarrollar tanto el pensamiento lógico como el pensamiento lateral. Esto incluye desarrollar al máximo tanto tu sistema de razonamiento como tu intuición interna. En este ámbito de la intuición te invito a aprender a escuchar a tu corazón −corazonadas−, a tu sabiduría interior −lo que te dice «algo en ti» mucho más allá de ti− y a seguir tus instintos −incluyendo lo que te «dice tu cuerpo»−. La intuición es básica en la innovación.

c. Valores como la confianza y la humildad son la base de cualquier ser creativo. Confiar en que la creatividad forma parte de ti tanto como de cualquier ser humano, y confiar en que puedes conseguir cambiar las cosas, y todo ello desde la humildad de conocer tus límites y de saber que no eres tú quien hace todo, sino que sucede a través de ti. No eres tú quien genera las ideas, sino que es a través de ti que las ideas nacen y se expresan.

Para poder desarrollar en ti algunas de estas habilidades te comparto aquí 4 ejercicios que espero que puedas hacer. Te ayudarán mucho de forma transversal a ser más innovador/a.

Ejercicio 22. «¿No sería genial si...?»

Este ejercicio está extraído del libro *Crear lo Imposible* de Michael Neill −editorial Sirio−. Independientemente de que te recomiende el libro completo, este ejercicio es una propuesta muy concreta y breve: «Toma papel y lápiz y completa la frase a partir de los puntos suspensivos 25 veces con un enfoque optimista, constructivo y entusiasta»:

¿No sería genial si...?

Por ejemplo: *¿No sería genial si pudieras innovar en tu trabajo y con ello conseguir resolver la mayoría de tus problemas en ese entorno?*

Ejercicio 23. «Aquello especial que me ha pasado»

Este ejercicio, extraído del libro *La Conexión Creadora* de Roberto Bolullo, está diseñado para dotar de flexibilidad a tu sistema de pensamiento y así poder repetir la esencia cambiando las formas, o sea, conseguir el mismo «para qué» cambiando el «qué» o el «cómo».

Pasos:

1. Busca en el día de hoy algo especial, diferente, llamativo o inhabitual que te haya pasado.
2. Ahora diseña una forma de repetir lo que hoy ha sucedido, y repetirlo durante el día de mañana. Procura distanciarte de lo que ha sucedido y de cómo ha sucedido para buscar la esencia.
3. Repite los pasos anteriores durante 9 días, o sea, 9 sucesos con sus 9 diseños para repetir aquello especial que te ha pasado.

Por ejemplo, imagina que hoy te has encontrado por la calle de forma sorprendente a una amiga del colegio con la que has mantenido una conversación sobre «aquellos tiempos» y sobre cómo ha cambiado todo.

¿Qué se te ocurre que podrías hacer para repetir aquello especial que te ha pasado?

De nuevo será importante que apagues tus voces interiores de Darth Vader tipo *«no voy a volver a verla, fue una coincidencia»* o tipo *«no tiene sentido que me vaya a la calle y espere a que pase lo mismo»*.

La mentalidad que te pido que actives es la mentalidad del «SÍ, COMO». Lo primero detecta cuál ha sido la esencia del suceso. Probablemente será algo tipo *«he podido hablar con una amiga del colegio que hacía mucho tiempo que no veía sobre cómo han cambiado nuestras vidas»*. ¿Cómo podrías repetir esta «esencia» modificando el «cómo» sucedió? Pues, por ejemplo, consiguiendo el teléfono de otra amiga del colegio con la que haga tiempo que no hablas, llamándola y preguntándole cómo está y explicándole cómo han cambiado las cosas para ti.

Ahora toca repetir durante 9 días.

Ejercicio 24. Listado de rutinas

Se trata de otro ejercicio propuesto por Roberto Bolullo en *La Conexión Creadora*. La idea es que tomes una rutina diaria habitual tuya y la repitas de 9 formas diferentes en los próximos 9 días.

Por ejemplo, si tomaras la rutina diaria de ducharte, ¿de qué 9 formas diferentes se te ocurre que te puedes duchar en los próximos 9 días para transformar la rutina en algo diferente?

Ejemplos que se me ocurren: ducharte con bañador, ducharte con tu pareja, ducharte en casa de tus padres... ¿Qué ejemplos se te ocurren a ti? ¿Qué dinámica o rutina diaria eliges para transformarla 9 veces en los próximos días?

Por supuesto, tienes que llevar a cabo las ideas.

Durante 9 días, plantea un problema que te haya surgido durante el día y busca una solución al problema a partir de cómo lo haría alguien diferente a ti. Te propongo las siguientes preguntas para cada día en cuestión. Respóndelas escribiendo en papel. Te ayudará.

Dia 1 con tu problema o reto del día. ¿Cómo lo resolvería o cómo lo haría el monstruo de las galletas?

Día 2 con tu problema o reto del día. ¿Cómo lo resolvería o cómo lo haría un/a niño/a?

Día 3 con tu problema o reto del día. ¿Cómo lo resolvería o cómo lo haría un actor o una actriz de cine?

Día 4 con tu problema o reto del día. ¿Cómo lo haría tu jefe o jefa?

Día 5 con tu problema o reto del día. ¿Cómo lo haría Elon Musk?

Día 6 con tu problema o reto del día. ¿Cómo lo haría Mary Poppins?

Día 7 con tu problema o reto del día. ¿Cómo lo haría Einstein?

Día 8 con tu problema o reto del día. ¿Cómo lo haría un/a CEO?

Día 9 con tu problema o reto del día. ¿Cómo lo haría alguien muy rico?

IDEA 20. IDEACIÓN. HERRAMIENTA «MODELO NABCH PARA PRESENTAR IDEAS»

A veces, tan importante es que la idea sea buena como saber presentarla.

Esta herramienta, que tiene su origen en el modelo del Standford Research Institute, te servirá para presentar ideas de una forma sintética y clara, por lo que podrá considerarse una propuesta de valor. Así conseguirás que tu idea pueda ser evaluada y puedas comunicarla a otros. Es el primer paso para convertir una idea en una solución.

Las siglas corresponden a:

N = Necesidades de nuestros clientes o empleados/as que cubrimos con nuestra idea/solución.

A = Aproximación de cómo ofrecemos nuestra solución a las personas que la utilizarán. Básicamente, herramientas, métodos, aplicaciones, etc. que utilizarán.

B = Beneficios como suma de todo aquello que aportaremos al cliente.

C = Competencia, si es que hay alguna alternativa a lo que ofrecemos. En este caso, destacaremos nuestras aportaciones extraordinarias apreciadas por nuestros clientes frente a dicha competencia.

H = Gancho *–hook–*. Un frase o eslogan sintético, claro y conciso para presentar nuestra idea.

La recomendación es que rellenes todos estos datos con la plantilla siguiente para cada idea que quieras presentar.

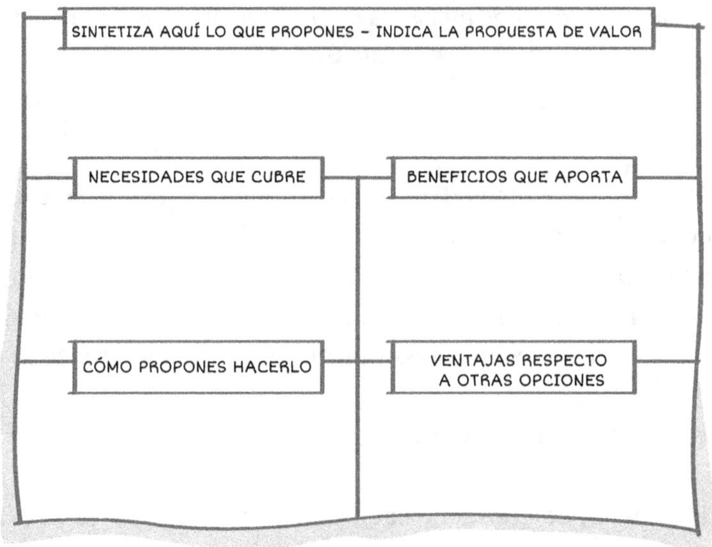

Ilustración 32: Ficha NABCH de presentación de ideas

IDEA 21. FASE 4: PROTOTIPADO EN DESIGNTHINKING

«No es de dónde tomas las cosas, es adónde las llevas».
Jean-Luc Godard

Una vez disponemos de algunas ideas es momento de evolucionarlas para construir soluciones: llega el momento de prototipar. Pero no un prototipaje convencional, sino uno coherente con la filosofía de trabajo del *DesignThinking*. Para ello, te comparto 5 reglas del prototipado en la innovación.

#1 Construye para pensar. No pienses para construir.

No esperamos construir nada perfecto, ni deseamos hacer un análisis profundo ni detallado previamente a la creación del prototipo. Más bien nos ponemos a prototipar y vamos pensando tal como vamos construyendo. Es un mecanismo iterativo e incremental de creación del prototipo. Poco análisis previo y mucho de construir para pensar. Pregúntate: ¿estoy analizando demasiado?, ¿estoy planificando demasiado el desarrollo del prototipo?

#2 No te enamores de tu prototipo

Y mucho menos te enamores de la idea de la que surge el prototipo. El concepto no es que construyas algo para «venderlo» a los clientes o empleados. La idea es que construyas algo para exponerlo a los deseos, necesidades, frustraciones y sueños de tus clientes y que sean ellos/as mismos/as los que digan si el prototipo les enamora, «hacen *match*» con él o les deja indiferentes. Pregúntate: ¿podría desapegarme de mi prototipo?, ¿podría descartarlo una vez desarrollado sin enseñárselo a nadie?

#3 Si no dudas, no estás prototipando

El proceso es bastante incómodo, ambiguo e incierto. Si te sientes en total certeza, es que no estás prototipando. En ese caso, es posible que te pongas frente a los clientes/as y no permitas que te digan lo que de verdad piensan. El problema es que te encontrarás el drama cuando lances el producto definitivo y casi nadie «lo use» o casi nadie «lo compre». Entonces exclamarás «¡pero si todos/as me dijeron que el prototipo era perfecto!». Pregúntate: ¿qué puedo añadirle al prototipo que quiero testear posteriormente pero que me genera incertidumbre?

#4 Diviértete y enfócalo como si fuera un juego

Este es casi un consejo personal. Darle al prototipo un contenido de «juego y diversión» puede suavizar la tensión y el estrés de estar ya cerca de las etapas finales. Te puede ayudar a sostener la presión por los resultados y evitar «querer correr» o saltarte fases para llegar rápidamente al paso a producción como si la idea o solución ya hubiera sido validada. Pregúntate: ¿cómo podría hacer que el proceso de diseño y desarrollo del prototipo sea como un juego?

#5 Gestiónalo como un proceso participativo

Recuerda que *DesignThinking* es una metodología «*customer centric & human centric*». Partimos de poner la deseabilidad y la usabilidad del producto o servicio en el centro y en el inicio de todo. Por tanto, el prototipado de las ideas tiene que partir de permitir la participación de los clientes o usuarios, quizá incluso en la creación del prototipo −por ejemplo, con técnicas como LegoSeriousPlay®−. Pregúntate: ¿cómo puedo incorporar al cliente en la construcción del prototipo?

El prototipado tendrá también una fase de divergir y otra de convergir.

Durante la divergencia construiremos soluciones, a ser posible junto con nuestros empleados/as, aprendiendo y co-creando con ellos/as. Normalmente, solemos seleccionar para prototipar 6 u 8 ideas que nos parecen excepcionales y que cumplen con los criterios de deseabilidad, factibilidad y rentabilidad. A veces, incluso juntamos 2 ideas buenas para crear una solución/prototipo que nos parece innovadora.

Durante la convergencia seleccionaremos 2 de esas soluciones prototipadas para llevarlas a test en entorno lo más real posible.

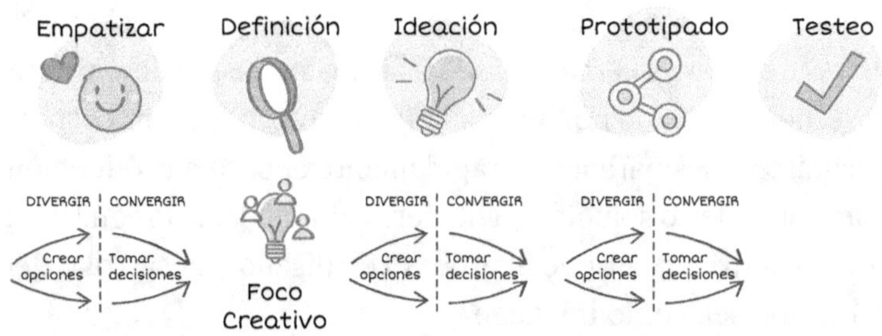

Ilustración 33: Las 5 etapas y los momentos de divergencia y convergencia

IDEA 22. PROTOTIPAR. HERRAMIENTAS «STAGING SCENARIOS» y «CAMPAÑAS DE PUBLICIDAD»

«Hay pintores que transforman el sol en un punto amarillo, pero hay otros que, con la ayuda de su arte y su inteligencia, transforman un punto amarillo en sol».
Pablo Picasso

El prototipado en *DesignThinking* tiene dos características que serán transversales a todas las herramientas. Por un lado, prototipamos con clientes, usuarios o empleados/as. Y por otro lado, prototipar no significa que lo que tenemos que hacer sea perfecto y ya preparado para un gran lanzamiento masivo. Prototipamos en pequeño. Prototipamos con mínimos productos o servicios viables. Prototipamos con las herramientas de las que disponemos. Prototipamos para aprender, conocer, profundizar y entender.

Si tienes en mente todo lo anterior, verás que las herramientas propuestas tienen todo el sentido.

STAGING SCENARIOS o PUESTA EN ESCENA

Esta herramienta está basada en simular una situación. A veces es tan sencilla como simular un simple diálogo entre dos individuos que «actúan como si fuera real», como un juego de rol.

Por ejemplo, y aplicado al proyecto transversal del *onboarding*, podemos «prototipar» la llegada a la empresa en el primer día de trabajo de un/a empleada/o. En este prototipado podemos seleccionar 2 o más personas de la empresa para que «actúen» como si de una obra de teatro se tratara, dándoles algunas instrucciones o guías enfocadas en la idea innovadora que deseamos prototipar. Una de las personas hará de la persona que se incorpora hoy en la empresa y 2 o 3 personas quizá hagan de compañeros/as o de su mánager, realizando un juego de rol con el foco puesto en la idea que estamos prototipando.

Tú puedes hacer de persona observadora y ver qué sucede cuando les dejas libertad para actuar. Te sorprenderás de cómo de realista llegan a convertirse algunos *staging scenarios*. Al finalizar la puesta en escena, puedes preguntar a las personas participantes cómo se han sentido, qué han pensado, qué creen que se tendría que cambiar o mejorar. Cocrea con ellas.

CAMPAÑAS DE PUBLICIDAD

Otra herramienta de prototipado sencilla y económica es crear una campaña de publicidad del servicio que corresponde a la idea que quieres prototipar. ¿Cómo sería esta campaña para presentar, desde una mirada de marketing y ventas, este nuevo servicio innovador a los/as empleadas/os de tu organización? ¿Qué eslogan tendría la campaña?, ¿qué beneficios tendría para las personas que utilizaran el servicio?, ¿cuáles serían los conceptos clave que expondría en la campaña? De hecho, te recomiendo que prepares la campaña cocreando junto con algunas/os empleados/as, teniendo en cuenta los siguientes elementos:

- Cocread la descripción básica, simple y cercana del servicio ofrecido
- Estableced el público objetivo —el perfil persona o arquetipo para el que estás innovando—
- Idead un mensaje o slogan directo que hará de «gancho»

- Definid el plan de medios, es decir, qué medios de difusión físicos y digitales utilizaríais.
- Las métricas o KPI's con los que medirás la campaña
- Acordad cuál sería el tono de la comunicación.

A veces utilizamos una técnica más física, que es «la caja de publicidad». Se trata de crear una caja física como si de un producto se tratara; en la caja pondréis todos los mensajes clave, eslóganes e imágenes que claramente hablen del servicio innovador ofrecido. Para prototipar la caja necesitareis cartón, papel, rotuladores, tijeras y 5 o 6 revistas de diferente índole de donde podréis extraer imágenes para la caja.

Una vez tienes la caja prototipada, puedes enseñársela como si se la estuvieras vendiendo —realmente le estás vendiendo el servicio que ofrece dicha caja— a la «persona» cliente. Recoge información de aquello que le ha gustado, aquello que le llama la atención, aquello que no ve útil y aquellas ideas que ella misma como clienta añadiría al servicio. Verás que es muy ventajoso.

IDEA 23. PROTOTIPAR. HERRAMIENTA «STORY BOARDS» o «LEGO SERIOUS PLAY»

Frente a las herramientas anteriores que tienen una aproximación centrada en mostrar un resultado final, tenemos otro enfoque de prototipado: contar una historia, por ejemplo, de la experiencia del empleado/a con el servicio que ofreceremos.

STORYBOARD O GUION GRÁFICO

Se trata de prototipar a través de una representación visual de una historia mediante viñetas, dibujos, collages, fotografías u otra técnica.

Con esta herramienta podemos visualizar una secuencia, un viaje, una experiencia, buscando clarificar aspectos que todavía no están decididos o resueltos en el servicio. Necesitaremos partir de una idea bien elaborada, dividirla en etapas y ver los actores que participan en cada etapa. El punto clave es generar una representación visual de aquello que queremos comunicar, y hacerlo con algunos/as empleados/as.

Podéis crear la *StoryBoard* con alguna herramienta digital como Canva.com aunque personalmente recomiendo utilizar las manos, materiales físicos e incluso dibujar.

Ilustración 34: Ejemplo de StoryBoard

Una vez dispones de la *StoryBoard* puedes convocar a 2 o 3 «clientes» y presentarles la historia relatando los detalles. De nuevo, recoge información de

- aquello que les ha gustado,
- aquello que les llama la atención,
- aquello que no ven útil y
- aquellas ideas que ellos mismas como empleadas/os añadirían al servicio.

También puedes pedirles una ronda de preguntas con todas las dudas que tengan, lo cual te ayudará a cocrear el prototipo y la historia. A través de las preguntas que hagan podrás detectar que es importante para ellas. ¡Apunta sus preguntas!

LEGO SERIOUS PLAY®

Lego Serious Play® es una técnica que facilita la reflexión, la comunicación, el pensamiento creativo y la construcción de ideas para resolver problemas. Es una metodología desarrollada por el grupo Lego y que tiene unos productos específicos para entornos profesionales, empresariales y de negocios con materiales especialmente diseñados para crear e innovar. Los productos de esta disciplina no se encuentran en tiendas o grandes superficies y solo se pueden adquirir online en una web dedicada.

Ilustración 35: Marca especial de LegoSeriousPlay®

¿Cómo funciona esta metodología? Pues a partir de plantear la idea base seleccionada se invita a los participantes a que construyan modelos de cada una de las etapas de la experiencia y que desarrollen historias que transmiten mucho más que palabras. Este sistema permite escuchar todas las voces presentes, a la vez que por tratarse de algo basado en el juego genera un deseo de contribución importante por parte de todos los que participan, aprovechando así el máximo compromiso.

En tiempo real se pueden analizar las estructuras generadas para conseguir rápidas adaptaciones del prototipo hacia una solución más deseable, más rentable o más factible. Permite reprototipar rápidamente.

Si quieres conocer la metodología en profundidad, puedes hacerlo en https://www.lego.com/es-es/themes/serious-play/about

IDEA 24. PROTOTIPAR. HERRAMIENTA MPV CANVAS.

Muchas veces nos interesa organizar toda la información que convierte una idea en una solución. Una buena herramienta es el MPV CANVAS o lienzo del **Mínimo Producto Viable**. Muchas veces la utilizo como un primer paso antes del desarrollo físico de un prototipo con alguna de las herramientas anteriores, puesto que me ayuda a clarificar para visualizar los elementos de aportación de valor.

Si al rellenar el canvas o lienzo y presentar esa información a un cliente interno resulta que el *feedback* captado no es bueno, me permite iterar y crear algo mejor antes de hacer un prototipo más elaborado, o antes de organizar una sesión de prototipado con varios empleados/as.

El lienzo o canvas del MPV deberá incluir:

- QUÉ. Una descripción detallada del MPV, es decir, de aquello QUE ofreces como servicio y que va más allá de una simple idea. Es ya una solución elaborada.
- CON QUIÉN. Un pequeño plan de con quién prototiparás y con quién testearás la solución.
- CÓMO. Descripción de cómo llevarás a cabo el experimento de prototipado.
- QUÉ NECESITAS. Una lista de los materiales, espacios y recursos para poder prototipar y testear el producto o servicio.

- CUÁNDO. Tanto fechas aproximadas de realización de las sesiones de prototipado como duración de la etapa o fase de prototipos.
- ELEMENTOS clave del MPV. Qué aspectos o puntos son clave y determina la potencialidad de innovación de la solución.
- COSTE aproximado de los *workshops* de prototipado, y si es un producto, coste aproximado del *mock-up* o maqueta.
- PERSONAS que propones que participen en el prototipado y que cocrearán contigo sobre la idea/solución para convertirla en algo realmente creativo e innovador, que aporte el máximo valor posible.
- DIBUJO, si te es posible un *sketch* o dibujo básico del MPV.

Te dejo una plantilla que podrás descargar en el área online del libro que te compartí al inicio del libro:

QUÉ	CON QUIÉN	CÓMO	QUÉ NECESITAS	CUÁNDO
Describe el MPV	Indica con quien probarás el MPV	Cómo realizarás tu experimento	Recursos necesarios	Cuando realizaras el experimento
Indica los elementos clave del MPV	Indica el coste de realización del MPV	Personas y áreas implicadas	Dibuja el MPV	

Ilustración 36: Canvas o Lienzo de MPV

IDEA 25. FASE 5: TESTEAR. OBTENER FEEDBACK DE UN PROTOTIPO.

«Lo consiguieron porque no sabían que era imposible».
Jean Cocteau

La fase de test en *DesignThinking* tiene un objetivo muy claro: recibir *feedback*. Esto implica de nuevo que debes controlar tus ganas de «vender» todo el trabajo y esfuerzo que has hecho para llegar aquí, igual que gestionar tu necesidad, si la tienes, de que el *feedback* recibido sea positivo. Esto implicará por tu parte una actitud lo más «neutra» posible, y si vas a realizar preguntas, vigilar que sean abiertas y también que admitan valoraciones incómodas.

Personalmente te propongo los siguientes pasos para esta etapa de test:

1. Identifica de quién quieres recibir *feedback* o retroalimentación.
2. Construye una guía de preguntas abiertas y cerradas. Puedes inspirarte en las preguntas abiertas de la herramienta de Entrevista Etnográfica que vimos anteriormente en el libro.
3. Participa al máximo posible, junto a las/os empleados/as, en las actividades donde se está testeando el producto o servicio.
4. Facilita conversaciones similares a una entrevista etnográfica pero con la guía de preguntas de *feedback*. También puedes realizar encuestas, capturar comentarios o evaluaciones.

5. Captura no solo sus opiniones y puntos de vista, sino también los aprendizajes de dicho *feedback*.

6. Integra todo lo que recibas, lo que es necesario modificar y lo que puede ser mejorado a partir de las recomendaciones de los propios clientes, empleados/as y usuarios/as.

Ilustración 37: Diagrama de modelo de feedback sobre soluciones de innovación

Recuerda que el objetivo final de la etapa de test sigue siendo refinar los prototipos y las soluciones propuestas. Con la información que recojas del testeo se pretende que aprendas más sobre las necesidades de los empleados para iterar de nuevo y mejorar la propuesta.

Uno de los grandes retos de esta etapa es que a veces nos incomoda muchísimo. Esto sucede sobre todo en 2 casos:

- Cuando descubrimos en el testeo que nos hemos equivocado con la solución o con la forma en la que la hemos implementado. Quizá el error provino de la etapa de ideación, donde consideramos que una idea era realmente deseable y factible, y finalmente descubrimos que nadie la quiere utilizar o que es demasiado cara o difícil de implementar. Quizá la hipótesis que ha fallado provino de la etapa de prototipado donde generamos una «forma» concreta que luego nuestros/as empleados no utilizan.

- El otro caso, todavía más incómodo, es cuando descubrimos que el problema que queríamos resolver realmente no es un problema, no necesita solución o nadie quiere que se resuelva. En este último caso, el fallo –que no error, porque no hemos hecho nada mal, hemos seguido el proceso para descubrir lo que hemos descubierto– ha sido de etapa de enmarcar o hacer el *«reframe»* del problema. Quizá nos hemos quedado demasiado apegados al problema con el que iniciamos el proceso de innovación, y llegado el momento de la etapa de *reframe*, tras empatizar y entender, no fuimos capaces de cambiar el problema a resolver y queríamos seguir resolviendo un problema que nuestros clientes no tienen o no sufren. Este es el típico caso en el que queremos innovar para resolver un problema que tenemos nosotras/os en RR. HH. pero que nuestros clientes internos o empleados/as no perciben como problema.

En esta fase de testeo es importante que sigas 2 premisas:

1. Muestra y entrega lo que has hecho para que los usuarios/as o empleados/as lo utilicen sin explicaciones. Dales acceso a las instrucciones existentes y acceso al servicio o producto y deja que lo utilicen e interactúen.

Después de ello captura el *feedback* como te hemos comentado al inicio de esta idea.

2. Asegúrate de que vivan una experiencia lo más real posible a la experiencia del servicio final, por tanto, todo tiene que suceder en los espacios reales, con los tiempos reales, en situaciones reales. Procura minimizar los testeos de laboratorio porque no te darán información relevante y significativa.

Teniendo en cuenta estas premisas y recomendaciones, te comparto una plantilla sencilla que puede servirte para recoger la información tras la experiencia de test con los clientes o empleados/as.

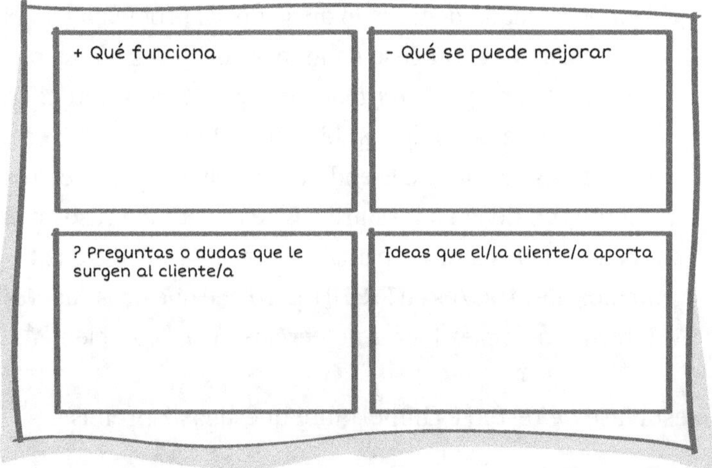

Ilustración 38: Lienzo o *Canvas* de 4 cuadrantes para testear una propuesta de solución

IDEA 26. TESTEAR. HERRAMIENTA «MEDIR EL IMPACTO CON eNPS»

«No puedes comprar la creatividad. Tienes que inspirarla».
Alan Kay

Uno de los principios de la agilidad es la simplicidad: «el arte de maximizar lo que no hay que hacer». Desde esta inspiración te invito a que simplifiques al máximo la forma en que midas el impacto de tu solución y si realmente es una solución que tu cliente interno o incluso tú mismo/a deseas y recomendarías.

En esta línea, los macrotest con más de 40 preguntas no es algo que utilicemos en la innovación ni en el *DesignThinking*, sobre todo por el hecho de que muchas veces encierran bajo ellos el deseo de «diseñar o utilizar al cliente para idear», y esto corresponde a otra etapa. Ahora lo que deseamos saber de forma rápida y efectiva es si estamos entregando valor la persona usuaria o cliente, y para ello, el NPS o Net Promoter Score puede ser una buena herramienta.

El NPS es un indicador y a la vez un sistema para medir si el cliente está satisfecho a la vez que medimos su lealtad con nuestro producto o servicio. Las personas «promotoras» de un servicio son recomendadoras de forma natural: hablan con otras personas de lo útil del servicio, de cómo les ha impactado positivamente y se convierten en embajadores.

El NPS fue inventado por Fred Reichheld en su libro *The Loyalty Effect*, donde demuestra la gran correlación entre que tus clientes recomienden nuestros productos o servicios y los beneficios económicos de la empresa –ebitda–.

Alineado con este indicador y modelo, hace unos años apareció el Employee Net Promoter Score o eNPS. Como variante, es un indicador que mide la lealtad y fidelidad de las personas empleadas de nuestra organización, o sea, su nivel de satisfacción con la empresa o con los servicios que les ofrecemos desde HR.

¿Qué tipo de preguntas se hacen para un eNPS de un test de un nuevo servicio?

Pues para empezar debe quedar claro que *solo haremos 1 pregunta*. Aquí te comparto algunos ejemplos de preguntas que puedes hacer:
- «¿Con qué probabilidad −en una escala de 0 a 10− recomendarías a un/a compañera de trabajo de la empresa el servicio que has experimentado?».
- «¿Cuán posible −del 1 al 10− es que recomiendes el servicio a un/a compañero de departamento?».
- «¿Cuán dispuesto estás a recomendar −del 1 al 10− el servicio a una persona de la empresa?».

¿Y cómo se calcula el eNPS?

El concepto es bastante sencillo y parte del hecho de considerar que frente a un nuevo servicio o una innovación promovida desde HR a los/as empleados/as tenemos 3 actitudes como respuestas:
- PROMOTORES: como hemos dicho, personas que recomendarán el servicio, hablarán bien de él e incluso se convertirán en embajadores o «vendedores» de dicho servicio.
- PASIVOS: empleados/as que, aunque están satisfechos, no fomentarán el servicio, no lo promoverán, no se lo

presentarán positivamente a sus compañeras/os ni dedicarán tiempo a convencer a otras personas de que lo utilicen.
– DETRACTORES: personas empleadas que en mayor o menor medida hablarán negativamente, transmitirán insatisfacción o mostrarán una cierta decepción respecto al servicio.

Así pues, se comprende fácilmente cómo funciona este indicador. Si hay un alto número de promotores, el servicio será todo un éxito porque las primeras personas en utilizarlo ya se convertirán en promotores y vendedores «boca-oreja» del mismo, con lo que sin esfuerzo por nuestra parte –HR– y sin casi acciones de comunicación interna conseguiremos que el servicio sea conocido en toda la empresa.

Si, por el contrario, hay muchas personas NEUTRAS o DETRACTORAS, el anterior efecto avalancha positivo no tendrá lugar y el servicio necesitará de mucha comunicación interna y endomárketing si queremos que permee en toda la organización.

Matemáticamente hablando, la fórmula de cálculo es la siguiente:

$$NPS(\%) = \% \text{ Promotores} - \% \text{ Detractores}$$

NPS(%)= % Promotores - % Detractores

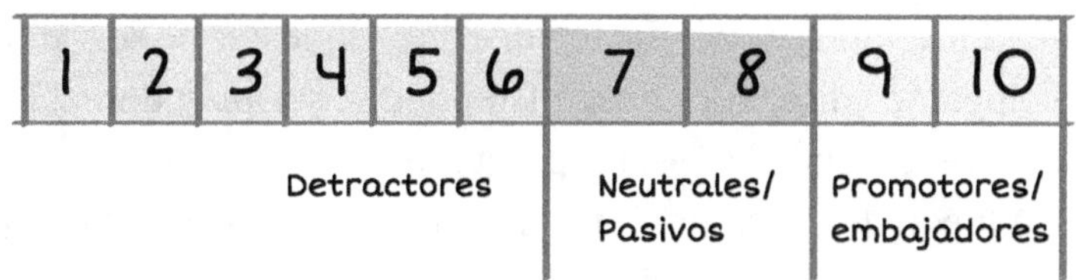

Ilustración 39: Calculo del employee Net Promoter Score

Revisando la fórmula puedes extraer ciertas conclusiones:

- Solo se consideran promotores de un servicio personas que realmente evalúan muy alta su satisfacción, ya sea en un 9 o en un 10 sobre 10. El motivo de considerar solo estas personas como promotores es el hecho de que alguien «recomiende proactivamente» un servicio supone un esfuerzo muy importante para ella. Algo que solo hará si realmente el servicio ha superado con creces sus expectativas o ha cubierto con mucho éxito una frustración u obstáculo.
- Cualquier persona que dé entre un 1 y un 6 se considerará detractora. Realmente no consideramos que haya diferencia entre alguien que «habla muy mal del servicio si se le pregunta −1−» como de una persona «que sugiere que no le ha encantado y que es mejorable −6−». En ambos casos, el marketing interno del «boca-oreja» se rompe y la persona que escucha no utilizará el servicio ofrecido.
- El resultado final puede ir desde el -100 % hasta el +100 %. En nuestra experiencia, para considerar un resultado exitoso del test, el eNPS tiene que ser un número POSITIVO.

Y un apunte final. ¿Tener un eNPS muy alto y positivo te asegura éxito rotundo? Pues, lamentablemente, no te lo asegura. En algunos casos, determinadas propuestas de servicios o soluciones diseñadas desde HR pueden ser muy deseables y muy recomendadas −si les preguntas a los/as empleados−, pero luego de difícil paso a la acción por temas culturales y, por tanto, con malos resultados.

Te pongo un ejemplo:

Imagina que tenéis un problema con las reuniones en tu organización porque se alargan por encima del tiempo reservado y previsto con los problemas que ello conlleva. Y tu idea es proponer que las personas «respeten el tiempo de duración de las reuniones». Por tanto, cuando pases a testear tu idea, harías una pregunta del tipo: «¿con que probabilidad recomendarías a tus compañeros/as de la empresa que respeten el tiempo de duración de las reuniones?», recogiendo un eNPS muy alto casi con total seguridad... pero luego las personas no necesariamente «harían» aquello que «han recomendado a otros».

¿Solución?

No basta con preguntar –aunque sí es un paso necesario e imprescindible–. Tienes que testear también el servicio en la realidad, creando una solución a partir de la idea –recuerda que una idea no basta para implantar un nuevo servicio desde HR, necesitas de una solución más elaborada–.

Y ya hemos llegado juntos hasta la fase de testeo, con lo que hemos cerrado el ciclo del *DesignThinking*. Ahora llega el momento de pasar a la implementación del nuevo servicio en toda su plenitud.

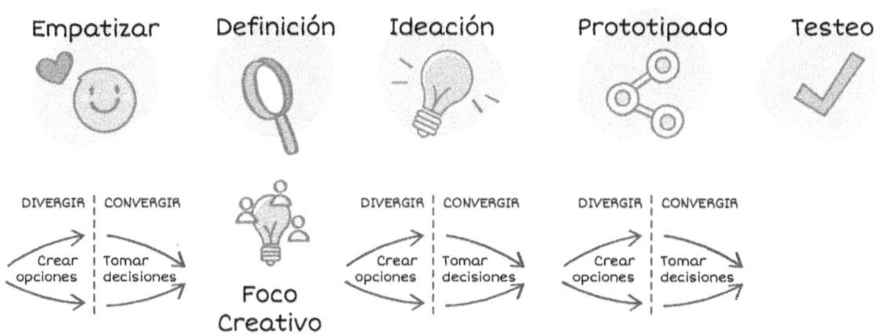

Ilustración 40: Las 5 etapas y los momentos de divergencia y convergencia

¿Y con esto ya tenemos todo para poder innovar?

Pues ya dispones de todas las herramientas y la metodología, pero no dispones de todo lo que necesitarás. Además de las herramientas y el proceso, descubrirás que para conseguir innovación en una organización es necesario tener en cuenta otros aspectos, como el aspecto cultural, la gestión de los errores, el perfil de competencias de la persona innovadora o la seguridad psicológica. Es por ello por lo que de la idea 27 a la 33 te ayudaré a profundizar en estos otros temas menos habituales en un libro de innovación, pero no por ello menos importantes.

IDEA 27. EL PERFIL DEL FACILITADOR/A DE LA INNOVACIÓN

«Prefiero mirar al futuro y soñar
que mirar al pasado y arrepentirme».
James Van Praagh

Hemos hablado mucho de herramientas en este libro. Herramientas basadas en conocimientos, en metodologías o en prácticas, y ya es hora de que profundicemos más en habilidades blandas, o sea, en las *softskills* que una persona que quiera facilitar o liderar proyectos de innovación debe tener. A mí me gusta destacar 10:

a. SIN PREJUICIOS

   Bueno, sin prejuicios es algo imposible, porque todos los seres humanos tenemos algún tipo de prejuicio o sesgo cognitivo. Lo que aquí quiero transmitir es que un/a «facilitadora de la innovación» es una persona entrenada para poner en duda sus suposiciones y creencias y poderlas «suspender» momentáneamente a fin de que pueda surgir algo inesperado. La facilitación de la innovación requiere la capacidad de «apagar» tus voces internas asociadas para evitar juzgar las situaciones o las ideas de otras personas e incorporar dichas ideas al proceso con la máxima naturalidad.

b. PROACTIVA

   La persona que facilita debe ser una persona que muestra iniciativa y asume la responsabilidad de su propio desarrollo personal, humano y profesional. No se trata únicamente de seguir el proceso y cumplir con las tareas que se le presuponen, se trata también de buscar oportunidades de hacerlo mejor y de ser mejor.

En esta proactividad, la persona facilitadora se adelanta a los retos y obstáculos buscando soluciones, a la vez que busca continuamente oportunidades para formarse y desarrollarse. Es una persona que «ofrece ayuda» cuando ve que con ello puede aportar.

c. SEGURIDAD PSICOLÓGICA

La facilitación de la innovación requiere una habilidad poco conocida y es la capacidad de generar entornos psicológicamente seguros. Debe ser capaz de conectar con su propia vulnerabilidad personal y humana y desde ahí ser capaz de crear espacios donde las personas se sientan seguras, donde puedan expresarse, donde puedan ser ellas mismas.

d. FLEXIBLE

En la innovación es imprescindible que la persona que facilita tenga la capacidad de adaptarse fluidamente a las diferentes situaciones que van apareciendo durante el proceso. Y no es una adaptación en resignación, ni una adaptación «porque no toca otra», es una adaptación con una mentalidad de «bienvenido el cambio», o sea, con apertura y sin resistencia. Entre otros aspectos relevantes de esta cualidad, la flexibilidad implica la adaptación a situaciones inesperadas con disposición para comprometerse y encontrar soluciones creativas «ganar-ganar», o sea, soluciones que satisfagan a todos los interesados.

Para ser flexible tienes que estar dispuesto a aceptar y considerar puntos de vista, perspectivas y opciones, incluso si difieren de las tuyas.

e. ESCUCHA EMPÁTICA

Esta habilidad no es solo la capacidad de prestar atención como muchas personas piensan, es la habilidad de escuchar de forma comprensiva a los demás, mostrando un interés genuino en sus sentimientos y perspectivas. Así, cuando la persona que facilita un proceso de innovación escucha a otra, lo hace enfocándose en comprender sus emociones y preocupaciones y, por supuesto, sin interrumpir ni juzgar.

Como parte de esta competencia, también está la habilidad de hacer preguntas abiertas, claras y reflexivas que ayuden a comprender mejor a la otra persona a la vez que ofrecemos espacios psicológicamente seguros donde la otra persona se sienta escuchada y comprendida.

f. TIMEKEEPER Y ENFOQUE A LA ACCIÓN

En la facilitación es imprescindible desarrollar la habilidad de la persona que «cuida el tiempo» permitiendo acompañar a las personas y a los grupos a una responsabilidad colectiva del uso de este, mucho más allá de ser un «vigilante del reloj».

Este cuido del tiempo está además relacionado con un enfoque a la acción. Como ya hemos visto en este libro, innovar va mucho más de hacer y experimentar que no de pensar, reflexionar o reunirse.

g. SOCIAL – «HUMAN CENTRIC»

La persona facilitadora debe estar enfocada en valores humanos, es más, debe vivir su vida conforme a valores que pongan a las personas en el centro de su trabajo o enfoque. Por tanto, mantiene un rol donde se enfoca en comprender las necesidades, deseos y comportamientos de las personas para crear soluciones que satisfagan y mejoren sus experiencias de vida.

Desde ahí, es una persona social que disfruta con las interacciones con las otras personas, con una alta inteligencia emocional y que le gusta recibir *feedback* constante.

h. ESTRUCTURADO – CONSCIENTE DEL PROCESO

Es una persona que en todo momento tiene claro en que parte del proceso de innovación estamos, qué herramientas corresponde utilizar ahí, qué tipo de comportamientos son los más adecuados y cuál es el objetivo y el entregable de la etapa.

No se trata solo de dominar la teoría del *DesignThinking* y conocer a fondos sus etapas. Se trata de tener una alta consciencia o *«mindfulness»* de la presencia necesaria por su parte en cada una de dichas etapas.

i. SIN MIEDO

O al menos, con la capacidad de que el miedo no te bloquee o no te influya demasiado. Para poder innovar es necesario apagar momentáneamente la Voz del Miedo para poder cuestionar la realidad actual y poder así crear nuevas posibilidades. Un buen consejo que puedo darle a cualquier persona facilitadora es que tiene que practicar un cierto «desapego» con su rol y su trabajo. Si tienes demasiado miedo a perder tu trabajo, miedo a perder tu prestigio, miedo a quedar mal, miedo a que no te valoren o cualquier otro miedo, este no te dejará cuestionar lo que actualmente existe para crear nuevas opciones.

Y no se trata de no tener miedo, lo cual es humanamente imposible, se trata de apagar esa voz y realizar la gestión emocional adecuada que te permita activar el coraje y la valentía en ti. La valentía del innovador/a. El coraje de la agilidad.

j. COLABORACIÓN RADICAL

La innovación necesita de la integración de las diferencias. Y esto va mucho más allá de una «sencilla» colaboración. Estar dispuesto a ayudar a los demás, ser empático/a o respetuoso son primeros pasos, pero para innovar necesitaremos colaboración «radical» que implica integrar puntos de vista «radicalmente» opuestos a los tuyos para permitir «*insights*» disruptivos y soluciones que emergen de lo inesperado y diverso.

Como puedes ver, innovación y desarrollo personal −crecimiento humano, autoconocimiento y autoliderazgo− van de la mano. Un consejo personal es que si quieres dedicarte a ser facilitador/a de la innovación, abras en tu vida personal procesos de *coaching*, procesos terapéuticos o acompañamientos profesionales similares donde puedas disponer de espacios para revisiones personales profundas y honestas.

IDEA 28. EL AGRADECIMIENTO EN LA MENTALIDAD DE INNOVACIÓN

«La raíz de todo bien crece en la tierra de la gratitud».
Dalai Lama

Conseguir una mentalidad de innovación requiere un cambio y siempre que hablamos de cambios de mentalidad, cambios de *mindset*, cambios de paradigma o cambios de perspectiva, debemos tener muy claro que estamos hablando de algo profundo relacionado con los pilares de nuestra personalidad. Por tanto, tenemos que ser conscientes de que necesitamos algún tipo de herramienta, práctica y hábito que transforme intensamente esas creencias y esos puntos de vista que nos «mantienen» en nuestra actual posición o situación vital y no nos permiten avanzar hacia una nueva vida, un nuevo rol y unas nuevas oportunidades.

Pues lo creas o no, el agradecimiento practicado de forma metódica y disciplinada, con constancia y perseverancia, es una de esas puertas al cambio que te ayudará a acceder a lo más profundo de tus creencias para transformarlas. El agradecimiento puede cambiar tu forma de ver la vida, de afrontarla y de transformarla hacia donde tú deseas que vaya. Pero tienes que ser constante y sistemático/a.

Te quiero comentar también que esta es de las pocas ideas de este libro que no es opcional. De hecho, si me dijeras que solo tienes tiempo y recursos para poder implementar 3 de las 33 ideas, te diría, sin dudarlo, que esta es una de esas 3 ideas porque una vez aplicada tendrá un impacto muchísimo mayor de lo que puedas ahora llegar a imaginar si consigues convertirla en un hábito.

La propuesta de esta idea es sencilla y te requerirá solo 5 minutos al día y una libreta física en exclusiva. Durante un mínimo de 30 días, ya sea por la mañana al levantarte o por la noche justo antes de ir a dormir, apunta en la libreta 10 cosas, personas o situaciones que quieres agradecer en tu vida. Al finalizar la lista, cierra los ojos y conecta con el agradecimiento y lo afortunado/a que eres.

Para conseguir un mayor efecto y que esta técnica «abra las puertas» a la nueva situación vital lo antes posible, es interesante que no repitas agradecimientos, al menos dentro de la misma semana —si, por ejemplo, hoy has agradecido disponer de agua corriente en tu casa, no vuelvas a agradecerlo durante los siguientes 7 días, busca otros motivos para estar agradecida/o—. Esto te requerirá probablemente un poco más de esfuerzo en revisar con mayor detenimiento tu vida y con mayor detalle lo que sucede en ella. Utilizar tu mente creativa, tu gnomo interior para buscar con indagación apreciativa lo bueno, agradable o positivo a tu alrededor.

Ejercicio 26. La libreta de Agradecimientos o Diario de Gratitud

IDEA 29. EXPERIMENTACIÓN, INNOVACIÓN, GESTIÓN DEL ERROR Y CELEBRACIÓN

Como primer comentario, doy por supuesto que ya tienes clara la necesidad e importancia de la cultura de experimentación para conseguir innovación en una organización. Quizá lo has leído en algún libro de RR. HH. o te lo han dicho en algún curso. De hecho, los estudios nos dicen que **NO es posible conseguir una cultura de Innovación o Agilidad si no existe una cultura de experimentación**. Al tratarse de un tema de cultura, lo ideal es que Recursos Humanos lo conozca, promueva, participe y sea ejemplar.

En el caso de la Agilidad, tanto *frameworks* como Scrum o Kanban, como metodologías y prácticas como los OKR's –Objective & Key Results– trabajan con el *mindset* y el enfoque de «Experimentar». Concretamente, en los OKR's, tras definir los resultados clave tenemos que diseñar los **experimentos o iniciativas** y definir claramente las hipótesis, para así validarlas –y aprender– al finalizar el experimento o ciclo de trabajo.

En el caso de la Innovación, ya sea a través de *DesignThinking* u otras metodologías, partimos siempre del concepto de que estamos «entendiendo y conociendo», «trabajando con hipótesis» y «generando experimentos» que serán validados por los clientes o usuarios.

¿Y cómo generamos esta cultura de experimentar? Pues primero debemos comprender algunos conceptos.

ENTENDIENDO LA DIFERENCIA ENTRE PRACTICAS/PROCESOS Y EXPERIMENTOS

Las **prácticas o procesos** se asocian a actividades que se han realizado con anterioridad varias veces y a partir de las cuales se han definido unos pasos o acciones a realizar para resolver problemas o retos conocidos, simples o complicados. Sabemos que siguiendo esos pasos y cumpliendo esos procedimientos se resuelve el problema o el reto y tenemos el resultado de éxito que habitualmente conseguimos.

Los **experimentos** se asocian a actividades que realizamos por primeras veces, para las que quizá no tenemos experiencias previas y no podemos asegurar que vayan a salir bien –éxito– aun siguiendo un plan o proceso definido. **También es el caso** de un anterior proceso o práctica que, debido a los cambios de entorno –pandemia, cambios en hábitos de consumo, cambios en la forma de pensar o de vivir de los clientes, volatilidad, incertidumbre, etc.– se ha convertido en algo nuevo que tenemos que volver a construir.

Y ENTENDIENDO LA DIFERENCIA ENTRE ERROR Y FALLO/ FRACASO

«Error» es hacer mal algo. Por ejemplo, no seguir un proceso definido saltándose pasos. Puede ser también por omisión, al no actuar en el momento en que está ya definido y es conocido que hay que actuar.

«Fallo» o «fracaso» es el resultado –«*outcome*»– de las acciones realizadas. Fracasar no es malo puesto que trae muchísimos aprendizajes. De hecho, las estadísticas de un departamento de

Innovación te dicen que el 90 % de las iniciativas de innovación fracasan para poder conseguir que el 10 % de las iniciativas de innovación salgan al mercado y generen que la empresa crezca en un mercado competitivo. Fracasar es imprescindible en una cultura de innovación.

LOS RETOS QUE PUEDEN APARECER

1. La cultura de culpabilización es el primer reto que puede aparecer cuando quieres instalar una cultura de experimentación. Si en algún momento del pasado de la organización se han buscado culpables y han sido castigados, es posible que esa situación haya creado un clima laboral de «riesgo cero», «experimentos en casa y con gaseosa» o «solo me muevo si estoy seguro de que el resultado será de éxito».
    Aquí tienes el reto de conseguir que las personas sientan que está permitido que el resultado de unas determinadas acciones finalicen con «*outcomes*» de fracaso. Hay organizaciones donde, si alguien trabaja, invierte y dedica horas a algo, debe ser algo que finalice en éxito.

    Idea. Proponed en el equipo un experimento con un 90 % o más de previsión de fracaso con el enfoque de que lo único que importa es lo que aprenderemos de él y que será «aprender a generar una cultura de experimentación que transmita a las personas que ahora podemos hacer actividades que finalicen en fracaso en vez de éxito».

2. La falta de seguridad psicológica es otro de los retos que pueden aparecer al querer instalar la cultura de experimentación. Si dentro de un equipo no hay seguridad

psicológica para asumir el riesgo de hacer algo que puede finalizar en fracaso, las personas no iniciarán el experimento. Si existe la posibilidad de ser criticado, de no ser aceptado o de que no se me permite disentir o proponer mejoras, entonces no habrá experimentación.

Idea. Trabaja sobre el concepto de las 4 etapas de la seguridad psicológica de Timothy R. Clark en su propio libro o a través de la idea 32 de este libro.

3. La cultura de productividad es otro reto que puedes tener. En un sistema Taylorista productivo el fracaso no está permitido. Digamos que «el 99.99 % de las piezas producidas tienen que ser buenas y exitosas». Tienes que tomar consciencia de que en la sociedad de la información, el conocimiento y la innovación, la cultura de productividad puede llevarte al fracaso del negocio y de la organización.

Idea. Trabaja para transformar el *mindset* productivo hacia el *mindset agile* más adecuado en tiempos VUCA. Puedes hacerlo en el libro 66 *ideas para ser Agile en HR*.

LOS PASOS A SEGUIR PARA CREAR UNA CULTURA DE EXPERIMENTACIÓN

Ilustración 41: Los 5 pasos para crear una cultura de experimentación

PASO 1: DEFINIR EL MARCO

Desde HR, define y comunica a toda la organización el marco de trabajo, como si fuera algo nuevo, para separar **por un lado prácticas o procedimientos conocidos y por otro lado, experimentos**. La comunicación interna es importante. Las personas cuando «hagan» deben tener claro en qué marco de acción están y acostumbrarse a comunicarlo a sus mánagers y compañeros/as. Los mánagers, cuando soliciten la realización de una tarea a alguien, deben indicar claramente si están pidiendo un proceso/procedimiento/algo conocido, o bien están pidiendo la realización de un experimento.

PASO 2: ESTABLECER LA DIFERENCIA FRACASO VERSUS ERROR

Establece claramente la diferencia entre fracaso y error. **Fracaso es un resultado. Error es un comportamiento.** Fracasamos, por ejemplo, por cometer errores en procesos. También fracasamos cuando un experimento no resulta exitoso.

PASO 3: GESTIONAR EL ERROR

Cuando el fracaso es debido a un error por hacer lo que no hay que hacer, por no hacer lo que hay que hacer o por hacer mal lo que había que hacer, activamos un *Warning!* y APRENDEMOS del error, pero **si el error se repite demasiadas veces, hay que dar *feedback* a la persona y generar acciones correctivas** para que no vuelva a suceder.

PASO 4: DEFINIR Y PROMOVER EXPERIMENTOS

Un experimento bien ejecutado nunca es un error independientemente de si es un éxito o un fracaso. Siempre es un aprendizaje sobre las hipótesis que establecimos y que nos permite recoger información real y EMPÍRICA de los clientes, usuarios o del mercado para generar un nuevo ciclo, un nuevo experimento o un nuevo *sprint*. Es la forma de generar cultura de APRENDIZAJE E INNOVACIÓN.

PASO 5: PREMIAR LA REALIZACIÓN DE EXPERIMENTOS, no su resultado

Siempre que alguien trabaje de forma acordada sobre un experimento le premiaremos y felicitaremos independientemente del resultado exitoso o de fracaso del experimento. ¡Una idea: asociar bonus y retribución económica al número de experimentos realizados independientemente de su resultado!

UNA DINÁMICA PARA GENERAR CULTURA DE EXPERIMENTACIÓN

Del Management 3.0 podemos utilizar una dinámica para generar cultura de experimentación a través de revisar acciones, actividades y tareas realizadas en las últimas semanas y colocarlas en uno de los 6 espacios de la gráfica siguiente:

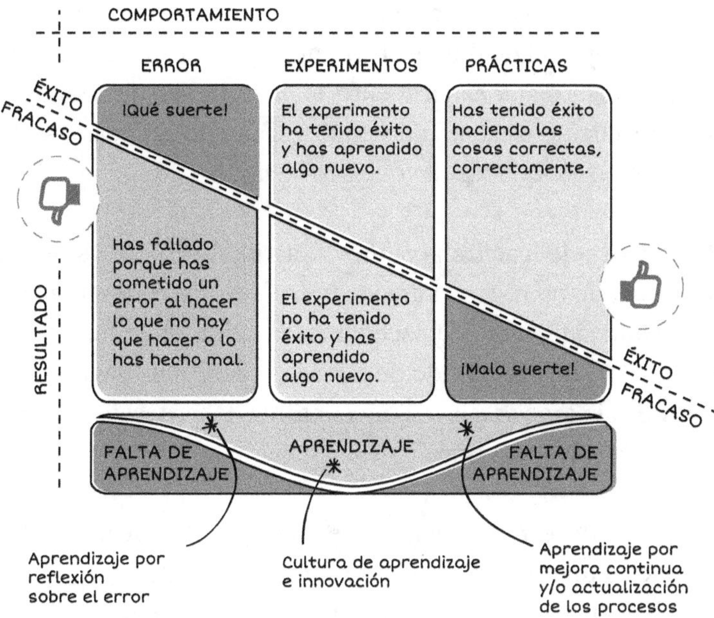

Ilustración 42: Lienzo o Canvas para facilitar una sesión de Celebración de la Experimentación

De esta forma, CELEBRAR siempre que haya aprendizaje, algo que puede ser habitualmente por 4 situaciones diferentes:

BLOQUE: celebrar las acciones, actividades o tareas fallidas por un **error cometido**, siempre y cuando haya aprendizaje gracias a la reflexión sobre el error y las medidas tomadas para que no pueda volver a pasar.

BLOQUE: celebrar las acciones, actividades o tareas de un experimento exitoso donde el aprendizaje se realiza al validar y confirmar hipótesis que nos permiten conocer mejor al cliente o al mercado —lo que desean, lo que necesitan, lo que les aporta valor, etc.—

BLOQUE: celebrar las acciones, actividades o tareas de un experimento fallido donde el aprendizaje se realiza al **no** validar hipótesis de un experimento, lo que nos permite conocer mejor al cliente o al mercado –quizá sabiendo lo que no desea o lo que no es factible o lo que no funciona–.

BLOQUE: celebrar las acciones, actividades o tareas de un proceso que no ha funcionado en una determinada situación y que aun siguiendo el procedimiento habitual de forma correcta el resultado ha sido de fracaso, siempre y cuando haya aprendizaje gracias a la mejora continua del proceso para que no pueda volver a pasar.

Por otro lado, esto no suele ser sencillo, puesto que una de las herencias que tenemos de la gestión organizativa jerárquica o autocrática y de los sistemas productivos es la penalización del fallo y la penalización del error. –¡Atención al hecho de que estoy diferenciando entre fallo y error!–. Cuando el éxito está asociado a la eficacia –conseguir los resultados– y desde ahí se felicita y promociona a las personas –meritocracia–, implícitamente estamos penalizando excesivamente tanto el fallo como el error.

¿Has oído la frase «los errores se pagan»? ¿Has visto actitudes que reflejan la búsqueda del culpable o de la persona que ha cometido el error? Los comportamientos de mandos que supervisan constantemente para evitar errores en sus departamentos nos hablan de culturas que penalizan el error y los fallos. Resultado: bloqueamos en la organización la capacidad de experimentar, probar o arriesgar y, por ende, de innovar y ser ágiles. Así mismo, fomentamos la imposibilidad organizativa de aprender y mejorar. Las personas acaban haciendo solo aquello que ya saben y conocen a la perfección como expertos, para evitar la posibilidad de equivocarse o de que los resultados de cualquier acción no sean los inicialmente esperados –mentalidad predictiva–.

Tu labor desde HR es la de detectar cuál es el nivel de penalización al error o al fallo en tu organización. ¿Puedes cometer errores en tu empresa? ¿Qué sucede cuando cometes un error? ¿Cuál es tu percepción sobre cometer errores? ¿En tu empresa se promueve el comportamiento arquetípico del experto/a que no falla y no se equivoca? ¿Se permite en tu organización realizar experimentos? ¿Se permite que los resultados de una acción puedan ser no exitosos, o se espera que todo siempre sea de éxito y no pueda haber pruebas fallidas?

Desde ahí hay una serie de conceptos importantes para tener en cuenta en culturas Ágiles de experimentación:

- Promovemos un entorno de seguridad psicológica donde se permita la experimentación y donde los resultados fallidos de dichos experimentos se celebren positivamente dado el aprendizaje aportado.
- Promovemos un clima de confianza donde los errores se asuman colaborativamente –dentro del equipo– y no personalmente.
- Mantenemos activas las prácticas ágiles, como las «*Retrospective Meetings*», específicamente dirigidas a aprender del fracaso, del fallo y del error desde la sabiduría de que puede volver a pasarnos y no desde el análisis para evitar que vuelva a pasar –se evitan las autopsias de proyectos o similares–.
- Generamos un entorno de estrategias de aprendizaje que pongan en duda el actual *statu quo*. Cuando un experimento falla o cometemos un error, descartamos antiguas creencias culturales para poder ir a la comprensión

profunda de qué ha sucedido. Mucho más allá de la superficialidad de, por ejemplo, en vez de detectar que ha habido un error porque no se ha seguido un proceso, nos haríamos las preguntas reales y profundas: ¿para qué se ha evitado seguir el proceso?, ¿qué buscaba la persona que ha dejado de seguir el proceso?, ¿cuál podría haber sido la razón orgánica de ese abandono del proceso?

- Se redefine el concepto de éxito para salir de la meritocracia, el ascenso jerárquico y la retribución económica. Entendemos el éxito como el desarrollo de nuestro talento, de nuestras competencias y habilidades, y el crecimiento como persona y como profesional.

- Se promueven acciones alineadas con el hecho de «considerar inocente a la persona frente al error cometido y responsable al sistema cultural y organizativo». Por tanto, si ha habido un error vamos a ver qué hay en el sistema que ha fomentado en la persona cometer el error –quizá el error fue cometido por una persona que estaba trabajando 14 horas al día desde hacía varios meses, y el día en cuestión llevaba ya 12 h delante del ordenador por la presión organizacional–.

Finalmente, destacar:

- Se aprende mucho de llevar a cabo experimentos conscientes y formales y se aprende menos de los errores y de las buenas prácticas.
- Cuando una persona va a realizar un experimento, debe informarlo y transmitirlo claramente a su mánager y a toda la organización. Debe quedar claro que lo que va a realizar está en la columna del centro: EXPERIMENTOS. Desde ahí no habrá percepción de error. El experimento

puede finalizar como exitoso porque hemos recogido de él lo que esperábamos según las hipótesis, o bien puede finalizar como fallido porque no hemos recogido lo que esperábamos. En cualquier caso, el nivel de aprendizaje es muy grande. Podremos validar o negar las hipótesis del experimento.

- «Celebrar el error» es una tontería. No celebramos el error porque proviene de cometer fallos en situaciones de las que además es posible que no aprendamos. Lo que tampoco hacemos es castigar el error ni buscar culpables. Sencillamente, analizamos lo sucedido, modificamos procesos y seguimos hacia adelante.
- Lo que sí que celebramos es aprender, así como celebramos repetir buenas prácticas.
- El pago por desempeño y los bonus individuales tienden a alejar a las personas de los experimentos hacia las prácticas seguras de la derecha, con poco aprendizaje como resultado. En Agilidad promovemos bonus colectivos o de equipo, y prácticas ágiles como el reconocimiento como retribución no monetaria. Incluso podemos promover bonus económicos asociados a cantidad de experimentos realizados, independientemente de su resultado.
- Las jerarquías son buenas para aprovechar las oportunidades y repiten sin cesar las mismas prácticas, pero aprenden muy poco.
- Los sistemas organizativos redárquicos −basados en redes en vez de en pirámides− son buenas para explorar nuevas oportunidades. Pueden tener tasas de fallo en experimentos del 50 % −algo habitual que, además, es considerado un buen ratio−, pero generan mucho aprendizaje y adaptación a nuevos entornos.

No celebres todos los éxitos porque algunos pueden ser el resultado de errores. Celebra los buenos comportamientos —los de las áreas de experimentos y de buenas prácticas—.

Ejercicio 27. Realiza una sesión de Celebration Grid con tu equipo de HR

Y como no podría ser de otra forma, finalizo esta idea proponiéndote que realices una sesión de «Celebration Grid» con la plantilla que te he compartido junto con tu equipo de HR. Espero que os traiga grandes aprendizajes.

IDEA 30. LA CURIOSIDAD Y LA MENTE CURIOSA PARA INNOVAR

«Una corazonada es la creatividad
que está tratando de decir algo».
Frank Capra

Empecemos por definir qué es curiosidad. Pues según Todd Kashdan, uno de los mayores investigadores sobre el comportamiento curioso, la curiosidad es la *disposición de reconocer y buscar nuevas experiencias y nuevas informaciones, incluso un interés intrínseco por aprender y desarrollar tu propio conocimiento.* Parece ser que la curiosidad es un mecanismo que se activa de forma natural hacia algo, que capta nuestra atención y que nos atrae y nos mueve hacia él. Es un impulso para explorar lo desconocido.

Tener este tipo de mentalidad nos permite, por ejemplo, reaccionar positivamente ante cambios y estímulos novedosos, nos permite examinar el entorno en busca de nuevas experiencias y nos permite perseverar en la búsqueda de saber más acerca de nosotros/as mismos/as y de nuestro entorno. En resumen, que la persona con mente curiosa se abre al mundo, a nuevas posibilidades y a nuevas experiencias, y por tanto es activa frente a la transformación y la innovación.

Este tipo de mentalidad fomentará tu deseo natural por aprender, por saber, por conocer y, en consecuencia, por ser una persona más creativa, generando más ideas y más soluciones.

La buena noticia respecto a la curiosidad es que existen diferentes tipos de curiosidades y la cuestión es que encuentres la tuya:

- Curiosidad Alegre: asociada a buscar información y aprender en relación con aficiones, trucos, conocer nuevos lugares y similares. Aquí nos movemos motivados por la alegría y las ganas de aprender. Es la clásica concepción que tenemos sobre curiosidad, aunque existen 4 más.
- Curiosidad de Necesidad: también denominada «sensibilidad a la carencia», asociada a la búsqueda de información y el aprendizaje para resolver problemas que tenemos o encontrar datos importantes para nuestro trabajo, estudios o vida personal. Aquí no estás motivado desde la alegría, sino desde la tensión o la ansiedad.
- Curiosidad de tolerancia al estrés: generada ante una situación nueva que nos supera y frente a la que tomamos una actitud de aceptación −no de resignación−, buscando la positivización y desde la convicción de que hay algo más allá de las emociones que ahora mismo vives.
- Curiosidad social: asociada al conocimiento sobre el comportamiento humano, las tendencias de personalidad y saber cómo piensan, actúan o toman decisiones otras personas.
- Curiosidad de experiencias: nos lleva a viajar a lugares exóticos, cambiar de trabajo o de pareja, o vivir determinadas situaciones con un cierto nivel de riesgo.

Activar tu mente curiosa te llevará a tener mejores relaciones, a reducir el nivel de agresividad y a tener mayor sensibilidad en el ámbito interpersonal. El motivo está relacionado con la escucha empática, un tipo de escucha plena que se activa cuando tenemos verdadero interés y curiosidad sobre lo que la otra persona dice y por qué lo dice.

Ahora bien, en esta idea nos interesa el desarrollo de la curiosidad y de la mente curiosa por motivos relacionados con la construcción de una vida plena y para poder ser más creativos/as e innovadoras/es en nuestro espacio laboral.

¿Cómo activar la curiosidad?

Para activar la curiosidad y tu mente curiosa en primer lugar detecta cuál es el tipo de curiosidad que te mueve en función de tu tendencia de personalidad y profundiza en ello. Mejórala. Actívala conscientemente. Practícala.

1. Si estás normalmente motivado/a a aprender y a saber cómo funcionan las cosas, busca más proactivamente respuestas a las preguntas que surjan. Busca espacio en tu vida para indagar en esas respuestas. Esto significa que tienes una personalidad motivada por las ganas de aprender y la alegría de los nuevos conocimientos.
2. Si te gusta reflexionar y resolver problemas difíciles, y cuando lo consigues esto te alivia, es que para ti la Curiosidad de Necesidad es importante. Dedica tiempo a investigar sobre nuevas soluciones enfocadas a los problemas que ahora mismo estén activos en tu vida.
3. Si eres una persona que acepta que hay momentos de la vida donde «no sabemos» y donde la confusión nos supera, trabaja tu curiosidad de tolerancia al estrés buscando respuestas sobre las experiencias que vives y buscando la positivización de estas.
4. Si tienes el deseo de conocer la vida de otras personas y qué piensan o hacen, aprovecha la globalización y el

acceso a internet para conocer la vida de personas especiales que están mejorando el planeta o la vida de otros.
5. Si eres buscador de emociones, aprovecha para arriesgarte de forma comedida a crear oportunidades para ti.

IDEA 31. INNOVAR EN 3 HORAS, 3 DÍAS O 3 SEMANAS

«No puedo entender por qué la gente está asustada con las nuevas ideas. Yo lo estoy de las viejas».
John Cage

Innovar y ser una persona innovadora puede convertirse en un hábito. Es cuestión de adquirir buenas prácticas, de interiorizar algunas herramientas y de aplicarlas sistemáticamente en tu día a día frente a lo que suceda.

Esto quiere decir que para innovar no necesitas 3 años, ni 3 meses. Puedes experimentar en ti todo un proceso de *DesignThinking* completo, con todas sus etapas, en 3 horas, en 3 días o en 3 semanas.

Para hacerlo debes tener claro que lo importante para conseguir innovar es entender adecuadamente el reto, tu situación y al cliente y, por tanto, tener en cuenta que la etapa de Entender/Empatizar debe tener un peso específico amplio. Así que esta etapa será de 2 horas en el caso de un proceso de innovación de 3 horas, será de 2 días en el caso de 3 días y de 2 semanas en el caso de 3 semanas. Por otro lado, con estas limitaciones de tiempo, mejor dicho, con estas restricciones habilitadoras de tiempo, será importante que elijas bien las herramientas y prácticas que poner en acción. Una distribución que a mí personalmente me funciona es la siguiente:

Proceso de 3 horas. 2 horas de entender → 1 mapa de empatía que realizo a solas haciéndome las preguntas a mí mismo y volcando en el mapa las respuestas que vienen a mi mente + un mapa mental de algunas preguntas del periodista. De esta forma, tengo una comprensión racional y una comprensión emocional y motivacional básica del reto que debo resolver.

Proceso de 3 días. 2 días de entender → 3 entrevistas etnográficas a clientes + 1 mapa de experiencia –Journey Experience Map– facilitado junto a 4 clientes + una visita de campo para ver cómo los clientes están resolviendo actualmente sus problemas.

Proceso de 3 semanas. 2 semanas para entender → 5 entrevistas etnográficas a clientes + 2 mapas de empatía completos, uno facilitado con clientes y otro facilitado con personas de mi equipo + 2 mapas de experiencia + preguntas del periodista + visita de campo. Vaya, un plan muy completo.

Una vez tenemos la fase de empatía tenemos que generar los focos creativos. Aquí la restricción habilitadora del tiempo nos ayudará primero a seleccionar utilizando la intuición por encima de la razón o el análisis –no tendremos mucho tiempo para analizar– y segundo, nos ayudará a enfocarnos minimalistamente en solo unas pocas frustraciones o unas pocas ganancias. 15 minutos para crear 3 focos creativos en el caso de 3 horas, 1 hora para crear 5 focos creativos en el proceso de 3 días y 1 día para crear 10 focos creativos el caso del proceso de 3 semanas.

A partir de aquí, la **ideación**.

Proceso de 3 horas. 15 minutos para idear. ¿Cómo conseguir éxito en esta etapa? Básicamente, con mucho entrenamiento de ideación. Debes tener a tu gnomo de la creatividad superentrenado. Para serte sincero, no esperes grandes resultados si de forma habitual, en tu día a día y en tu vida, tienes encerrada a tu creatividad en una caja y no la sacas a la acción nunca. El secreto está en que si de forma habitual practicas SCAMPER para resolver retos y de forma habitual utilizar cartas DIXIT® para realizar ideación inspirada, cuando necesites generar ideas en 15 minutos serás capaz de generar hasta unas 30 ideas en ese pequeño espacio de tiempo.

Proceso de 3 días. 3 horas de ideación. 3 sesiones de cocreación y facilitación de 1 hora cada una donde invites a 4 personas a cada sesión. 1 de ellas facilitada con SCAMPER, 1 de ellas facilitada con cartas DIXIT® inspiracionales y otra de ellas facilitada mediante *BrainWriting*. La expectativa es que con los 5 focos creativos y este tiempo y estas personas puedas alcanzar las 200 ideas.

Proceso de 3 semanas. 2 días de ideación. 9 sesiones de co-creación y facilitación de 1,5 horas cada una donde invites a 6 personas a cada sesión. 2 sesiones facilitadas con SCAMPER, 2 sesiones facilitadas con cartas DIXIT® inspiracionales, 2 sesiones con *BrainWriting* y 3 sesiones con relaciones cruzadas. La expectativa es que con los 10 focos creativos, estos tiempos y estas personas puedas alcanzar las 2000 ideas.

Y pasaremos a prototipar y testear.

En el proceso de 3 horas, el prototipo y test se realiza a la vez con el resto del tiempo que te queda. Un *role play* —Staging Scenario— puede ser suficiente.

En el proceso de 3 días, organiza en el resto del tercer día una sesión de prototipado co-creado y una sesión de test recogiendo de los clientes su *feedback*.

En el proceso de 3 semanas, dispondrás de más tiempo. Selecciona 2 de las herramientas de prototipado y testea en entorno real con situaciones reales.

IDEA 32. SEGURIDAD PSICOLÓGICA, INNOVACIÓN Y EXPERIENCIA DE EMPLEADO

«La innovación es lo que distingue a un líder de los demás».
Steve Jobs

Para ayudarte y aportarte inspiraciones para trabajar estos temas te quiero hablar de Tim Clark. Tim se ha especializado en seguridad psicológica y desde su libro *The four stages of psycological safety* nos aporta muchas buenas ideas y buenas prácticas para fomentar la agilidad organizativa.

¿Qué es exactamente la seguridad psicológica? ¿Dónde la podemos ver y medir? ¿Qué comportamientos nos hablan de un bajo nivel y qué actitudes nos hablar de un alto nivel de seguridad psicológica? ¿Qué impacto tiene que exista? ¿Y que no exista?

Aquí te compartiré algunas ideas simples que se pueden poner en práctica desde Recursos Humanos −RR. HH.−, de forma breve y aportándote el mayor valor posible en el menor tiempo necesario.

Primero. DEFINICIÓN:

Entendemos seguridad psicológica como una condición o situación en la que las personas se sienten **incluidas**, se sienten **seguras para aprender**, se sienten **seguras para contribuir** y se sienten **seguras para desafiar el *statu quo*.**

Que se sientan seguras significa que **no tienen miedo** de poder sentirse avergonzadas, marginadas ni castigadas como personas por nada de lo que hagan en esas direcciones −inclusión, aprendizaje, contribución o transformación−.

Segundo. VENTAJAS:

La seguridad psicológica es imprescindible para que exista una cultura de aprendizaje –*Agile learning*–, para que haya una cultura de contribución, así como para conseguir una organización innovadora o Agile en su cualidad de responder rápidamente a los cambios del mercado y de los clientes, aportando valor.

En resumen, cuando fomentamos un entorno de seguridad psicológica se elevan los niveles de confianza y confiabilidad, los niveles de compromiso y engagement, así como los niveles de accountability y desempeño.

Tercero. ETAPAS:

Es bueno que conozcamos las etapas que es necesario superar y por tanto el viaje en el que nos embarcamos. Primero para conocer nuestro puerto de salida y segundo para conocer el puerto de salida de nuestros colaboradores. Muchas veces el nivel de seguridad psicológica es específico de un equipo, de un área o de un departamento. Hay que saber que preguntas hacer para diagnosticar.

NIVEL 0: NIVEL EXCLUSIÓN

Cuando en una organización o un equipo hay personas que se sienten excluidas, «no consideradas», despreciadas o intimidadas –y no importa si lo están o no, solo importa si ellas se autoperciben así–, estas personas no participarán desde su máximo potencial en la transformación Agile ni en las prácticas o metodologías que se implanten. Serán más bien «blockers» o «stoppers».

LAS 4 ETAPAS DE LA SEGURIDAD PSICOLÓGICA

(Por Tim Clark)

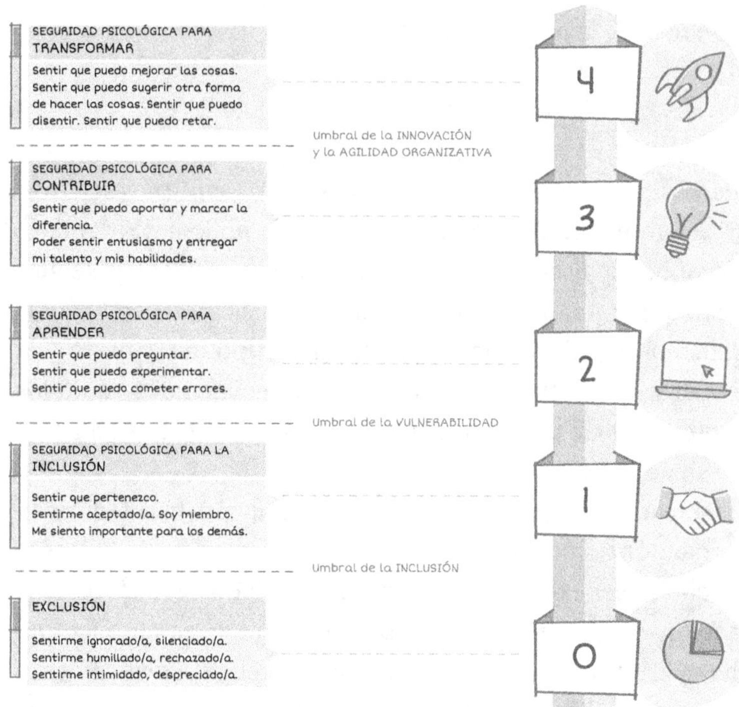

Ilustración 43: Las 4 etapas de la seguridad psicológica

NIVEL 1: SEGURIDAD DE INCLUSIÓN

Las personas necesitamos sentirnos incluidas en el equipo y en la organización. Sentir que formamos parte. Sentir que nos tienen en cuenta. Aquí empieza el primer paso para que nos planteemos aportar, para involucrarnos, para apasionarnos y para comprometernos.

Si no nos sentimos parte, no nos comprometemos. Si no sentimos que aportamos, no activamos nuestra proactividad. Si no sentimos que somos importantes para los demás, pensamos que no vale la pena. Así de sencillo.

NIVEL 2: SEGURIDAD PARA APRENDER

Para querer y poder aprender necesitamos sentirnos seguros. Si tengo miedo de reconocer que «esto no lo sé», no podré reconocerlo, y si no puedo reconocerlo no me sentiré seguro para preguntar, informarme, solicitar un curso o pedir ayuda. Existen organizaciones donde el arquetipo del experto y la experta son movilizados, utilizados y reconocidos como los exitosos hasta tal punto que si no eres un experto en algo no te sientes seguro.

En otro ámbito, aunque en el mismo nivel está la seguridad personal para poder llevar a cabo experimentos que por el mero hecho de ser experimentos pueden ser fallidos. Si en la organización o en el equipo no hay permiso para fallar, entonces no hay permiso para experimentar. Esto acaba dramáticamente con la posibilidad de innovar. Innovar implica crear algo nuevo, que no se ha hecho antes. Innovar implica salir de los procesos estandarizados. Innovar implica experimentar. Para Innovar hay que asumir que es posible que durante el proceso de innovación podemos fallar. Y si en la organización se premia el éxito entendido como que todo salga como estaba previsto, y no se permite el fallo entendido como que el resultado no era el esperado, las personas prefieren no arriesgar y mantener el status-quo. Sin seguridad para aprender no puede haber innovación. Imposible.

NIVEL 3: SEGURIDAD PARA CONTRIBUIR

Contribuir no es solo aportar lo que me piden que aporte. No es solo dar respuesta a lo que mi jefe o mi jefa necesitan o me requieren. Contribuir implica extender y expandir mis talentos y capacidades para contribuir con mi 100%. Pero para ello necesito saber y sentir que cuando quiera contribuir estaré seguro/a.

- Si existe la posibilidad de que al aportar alguien se sentirá ofendido, alguien se sentirá en peligro, alguien se sentirá atacado/a, entonces no contribuiré con mi máximo.
- Si existe la posibilidad de que al aportar, al contribuir y marcar la diferencia, mi jefe me verá como un futuro peligro para su posición, su status o su imagen, no contribuiré con mi máximo.
- Si existe la posibilidad de que al contribuir con mi máxima pasión y entusiasmo puedo recibir críticas, bromas, sarcasmo o cinismo, no contribuiré con mi máximo.

NIVEL 4: SEGURIDAD PARA TRANSFORMAR

Las organizaciones hoy en día necesitan transformarse. Ya sea porque tienen necesidad de responder antes al mercado, ya sea porque sus clientes han cambiado hábitos de compra, ya sea porque el sector económico se ha vuelto volátil y complejo o ya sea porque el teletrabajo ha llegado.

Pues el cuarto nivel de seguridad tiene que ver con si me siento seguro para poder mejorar las cosas o si cuando lo proponga me encontraré con una frase tipo «Esto se ha hecho así desde siempre». Sentirme seguro para poder proponer «mi forma» de hacer las cosas, o bien recibiré más bien «pegas y obstáculos» que no preguntas para indagar en lo que propongo. Sentirme seguro para poder poner en duda lo que estamos haciendo y como lo hacemos, frente a recibir críticas o sarcasmo.

¿Y cómo trabajarlo y promoverlo desde Recursos Humanos? Pues empezando por evaluar el nivel de libertad que una persona o equipo tienen o sienten, y en concreto poniendo foco en los siguientes 6 puntos:

A. Evaluar, preguntar o indagar en cada persona para saber **si se siente libre de ser tal como realmente es**, y no se siente condicionado a expresarse y vivir a través de su rol, su profesión u otros factores de la organización. Puedes empezar por ti mismo/a: ¿Te sientes libre en tu organización para ser tal como eres? ¿Te comportarías de forma diferente si pudieras, si no tuvieras miedo o si no tuvieras nada que perder?

B. Evaluar, preguntar o indagar sobre en cada persona para saber **si se siente libre para escuchar con apertura**, con curiosidad sincera, con empatía y con compasión en los demás, o si quizá sus tendencias personales internas no le dejan ser libre para escuchar. ¿Te sientes libre para poder escuchar con empatía a los demás? ¿O cuando escuchas estás ya pensando en lo que vas a responder para defenderte o dar tu opinión?

C. Evaluar, preguntar o indagar sobre cada persona para saber **si se siente libre para ser escuchado y reconocido**, y si percibe que es invitado a expresar y compartir. ¿Te sientes invitada/o para expresar lo que realmente piensas con tus compañeras/os?, ¿y con tu manager?

D. Evaluar, preguntar o indagar sobre cada persona para saber **si se siente libre para soñar en la organización y compartir sus sueños**, a través del diálogo, con otras personas de su alrededor profesional. ¿Te sientes libre para expresar tus ideas o para compartir tu visión del departamento o de la organización? Si piensas en compartir tus sueños profesionales con tu manager, ¿te sientes en confianza o más bien decides no compartirlos porque crees que no los entendería o no los respetaría?

E. Evaluar, preguntar o indagar sobre cada persona para saber **si se siente libre de actuar, sintiéndose amparado y apoyado por el resto**. ¿Te sientes libre para hacer lo que crees que debe hacerse? ¿Puedes actuar como crees que sería óptimo hacerlo?, ¿o debes «podarte como un bonsái» para evitar conflictos o problemas?

F. Evaluar, preguntar o indagar sobre cada persona para saber **si se siente libre para SER POSITIVO**. ¿puedes permitirte pensar en positivo y soñar con un futuro optimista? ¿Te sientes libre para compartir tu positividad o te sientes juzgada/o cuando lo haces?

IDEA 33. INNOVACIÓN, INTELIGENCIA ARTIFICIAL Y HR

«La mejor manera de predecir el futuro es inventándolo».
Alan Kay

He querido dejar este tema para la última idea, porque realmente tiene contenido para escribir 5 libros alrededor de 5 conceptos clave que relacionan la innovación, las inteligencias artificiales y HR. Y lo que quiero compartir contigo brevemente son esos 5 conceptos con la finalidad de darte un poco de claridad al respecto y algunas pistas de por dónde puedes empezar.

1. Concepto 1: **usos de la IA en procesos de innovación**. Este concepto se refiere al hecho de utilizar la IA como un copiloto del proyecto de innovación que te ayude en cada una de las etapas del *DesignThinking*.
2. Concepto 2: la necesidad de **la mentalidad de innovación para la adopción de la IA**. Este concepto se refiere al hecho de que disponer de una mentalidad de innovador/a te permitirá acelerar la adopción de la IA para integrarla en tu día a día de forma más eficiente y eficaz. Aquí te recomiendo realizar los ejercicios propuestos en el libro.
3. Concepto 3: **la innovación para entender qué sucede en HR con las IA's.** Este concepto se refiere a que apliques un proceso de *DesignThinking* completo, con todas sus etapas, para descubrir qué sucede con la aplicación de las IA's en RR. HH. y desde ahí aportar

soluciones innovadoras. Aquí te recomiendo hacer, aunque sea uno solo, un proyecto de innovación de 3 días.

4. Concepto 4: **innovar en HR mediante IA's**. Este concepto se refiere a que busques soluciones basadas en IA y aplicables al *learning* −IA's que generan píldoras formativas o vídeos formativos−, al *recruitment* −IAs que pueden filtrar currículos o entrevistar a candidatos−, al *development*, etc. Aquí te recomiendo que te mantengas al día sobre los nuevos lanzamientos al mercado.

5. Concepto 5: **habilidades y *softskills* de la innovación necesarias para utilizar IA's**. Este concepto se refiere al hecho de que una cosa es utilizar ChatGPT y otra muy diferente es utilizar eficientemente las inteligencias artificiales. Para poder interaccionar al máximo nivel con las IA's es necesario que la persona tenga unas determinadas habilidades, entre las que se encuentran el pensamiento crítico, la inteligencia emocional o el pensamiento creativo. Aquí te recomiendo que investigues sobre las habilidades que hacen que tu interacción con una IA sea de un nivel superior a la media.

Y aprovechando que estamos ya en la última idea, quiero compartirte una pequeña muestra de qué significaría utilizar ChatGPT como un copiloto de nuestros proyectos de innovación y hacerlo compartiéndote algunos PROMPT's o peticiones que puedes hacerle a ChatGPT en diferentes etapas de un proceso de innovación. Lo voy a hacer compartiendo contigo las respuestas directas y sin filtrar que he recibido.

Veamos:

DETECCIÓN DE OPORTUNIDADES DE INNOVACIÓN EN HR utilizando ChatGPT como copiloto.

PROMPT a ChatGPT: «Asume que eres una experta en experiencia de empleado en organizaciones. ¿En que 5 áreas de la experiencia del empleado hay más oportunidades de innovar de forma disruptiva?».

¡Hola Juan Antonio! En mi opinión, las 5 áreas de la experiencia del empleado con más oportunidades de innovar de forma disruptiva son:

1. Comunicación interna: Buscar nuevas formas de comunicación que sean más eficientes y efectivas, como el uso de herramientas digitales y plataformas colaborativas.

2. Desarrollo profesional: Implementar programas de desarrollo personalizados, que se adapten a las necesidades y metas individuales de los empleados.

3. Flexibilidad laboral: Ofrecer opciones de trabajo flexibles, como el teletrabajo o horarios flexibles, para promover un equilibrio entre la vida laboral y personal.

4. Reconocimiento y recompensas: Implementar sistemas de reconocimiento y recompensas innovadores, que vayan más allá de los tradicionales incentivos económicos.

5. Bienestar y salud laboral: Promover una cultura de bienestar físico y mental en el lugar de trabajo, mediante la implementación de programas de salud, actividades deportivas y apoyo emocional.

Recuerda que estas son solo sugerencias y siempre es importante adaptar las estrategias a las necesidades específicas de cada organización. ¡Espero que te sean útiles!

7:20

EMPATIZAR CON LOS EMPLEADOS/AS utilizando ChatGPT como copiloto

PROMPT a ChatGPT: «Asume que eres un empleado de una empresa que está empezando a tener los primeros síntomas de *burnout* y ansiedad. Por favor, compárteme algunos *"insights"*, escritos en primera persona, sobre cómo este empleado se siente en su día a día y cómo su situación está afectando a su trabajo».

Como empleado de la empresa, me siento cada vez más agotado y ansioso en mi día a día. Las tareas se acumulan, los plazos se vuelven abrumadores y siento una presión constante. Mi motivación y productividad están disminuyendo, y me cuesta concentrarme en mis responsabilidades. La falta de energía y entusiasmo está afectando mi desempeño, y me preocupa no poder cumplir con las expectativas. Esta situación me está generando estrés y afectando mi bienestar emocional, lo cual se refleja en mi trabajo. Necesito encontrar un equilibrio y apoyo para superar esta situación y recuperar mi motivación y satisfacción laboral.

7:24

CREAR UN BRIEFING PARA UN PROVEEDOR EXTERNO QUE ES UNA AGENCIA DE INVESTIGACIÓN DE MERCADO utilizando ChatGPT como copiloto

PROMPT a ChatGPT: «Asume que eres la responsable de innovación en recursos humanos de la empresa y eres también responsable de la experiencia de empleado en recursos humanos. Una de tus prioridades estratégicas es incrementar el bienestar de los empleados. Por favor, genera y comparte un *"high-level brief"* para una agencia externa de investigación de mercado».

Título del proyecto: Investigación de mercado para mejorar el bienestar de los empleados

Objetivo: Obtener información clave sobre las necesidades, expectativas y desafíos relacionados con el bienestar de los empleados en nuestra empresa, con el fin de desarrollar estrategias efectivas y personalizadas para mejorar su experiencia laboral.

Alcance de la investigación:
1. Identificar los factores clave que afectan el bienestar de los empleados, como la carga laboral, el equilibrio entre el trabajo y la vida personal, el apoyo emocional y las oportunidades de crecimiento profesional.
2. Evaluar la percepción actual de los empleados sobre las iniciativas existentes de bienestar en la empresa, incluyendo programas de salud, actividades deportivas y apoyo emocional.
3. Investigar las mejores prácticas y tendencias en bienestar laboral en otras organizaciones similares para obtener ideas innovadoras y adaptarlas a nuestras necesidades.
4. Analizar el impacto del bienestar de los empleados en la productividad, la satisfacción laboral y la retención del talento.

Entregables esperados:
1. Informe detallado con los hallazgos clave de la investigación, incluyendo estadísticas y análisis cualitativo.
2. Recomendaciones estratégicas específicas para mejorar el bienestar de los empleados, considerando tanto las necesidades individuales como las colectivas.
3. Propuestas creativas e innovadoras para implementar nuevas iniciativas o mejorar las existentes en base a los resultados obtenidos.

Cronograma tentativo:
- Fase 1: Recopilación de datos primarios y secundarios (4 semanas)
- Fase 2: Análisis y elaboración del informe (2 semanas)
- Fase 3: Presentación de los resultados y recomendaciones (1 semana)

Presupuesto estimado: A definir en base a las propuestas y alcance final.

¡Espero que este "high-level brief" sea útil para iniciar la investigación de mercado y mejorar el bienestar de nuestros valiosos empleados!

CREAR UN CUSTOMER JOURNEY utilizando ChatGPT como copiloto

PROMPT para ChatGPT: «Por favor, indícame cómo sería un proceso de *onboarding* de empleado en una empresa mediante un *consumer journey*. Indícamelo en una tabla que tenga las fases clave, los puntos de contacto clave –*touchpoints*– en cada fase, las tareas que suele llevar a cabo el empleado en esa fase, y los *pains* potenciales y *gains* potenciales.

```
| Fase clave     | Puntos de contacto clave  | Tareas del empleado     | Pains potenciales      |
Gains potenciales     |
|---------------|---------------------------|-------------------------|------------------------|--------
----------------|
| Pre-contratación | Solicitud de empleo     | Completar formulario    | Complejidad del proceso |
Oportunidad de trabajo  |
|               | Entrevista inicial        | Preparar entrevista     | Nerviosismo            | Posibilidad de
crecimiento |
|               | Revisión de antecedentes  | Proporcionar documentos | Preocupación por privacidad
| Seguridad en el proceso  |
|               | Oferta de empleo          | Aceptar oferta          | Negociación salarial   | Sentimiento
de logro   |
|               | Bienvenida inicial        | Recibir información básica| Incertidumbre         | Sentimiento
de pertenencia |
| Integración   | Orientación a la empresa  | Conocer estructura y cultura organizativa | Sensación
de abrumo   | Conexión con la empresa  |
|               | Presentación al equipo    | Conocer a los compañeros | Timidez               |
Sentimiento de aceptación |
|               | Capacitación inicial      | Aprender tareas y procesos| Sobrecarga de información  |
Desarrollo profesional  |
|               | Asignación de tareas      | Comenzar a trabajar     | Inseguridad en el desempeño  |
Sentimiento de contribución |
| Adaptación    | Apoyo y seguimiento       | Solicitar ayuda o aclaraciones  | Sensación de
soledad   | Sentimiento de apoyo   |
|               | Retroalimentación continua | Mejorar el rendimiento  | Incertidumbre sobre el
desempeño| Reconocimiento del trabajo  |
|               | Integración en proyectos  | Colaborar con el equipo  | Dificultad en la colaboración  |
Sentimiento de logro   |
|               | Evaluación de desempeño   | Participar en la evaluación | Ansiedad por el resultado  |
Oportunidades de mejora |
|               | Plan de desarrollo        | Establecer metas y objetivos | Falta de claridad      |
Crecimiento profesional  |

Es importante tener en cuenta que este proceso puede variar según la empresa y la posición, pero
esta tabla proporciona una visión general de las fases clave, los puntos de contacto, las tareas del
empleado y los posibles "pains" y "gains" durante el proceso de onboarding.
```

Como ves, las posibilidades son infinitas y es cuestión de que diseñes buenos PROMPT's que transmitan de manera clara lo que realmente quieres. Eso sí, un consejo personal:

tómate las respuestas como una primera iteración de trabajo y como una hipótesis. Nadie —ni ChatGPT— tiene información certera y exacta de lo que sucede en tu proyecto y en tu organización, o sea, no te creas lo que una IA te entrega como información, sino que te lo tomes como un punto de vista de partida. Un experimento. Una hipótesis. Hasta que el proceso de *DesignThinking* no finalice y tus empleados/as validen tus prototipos y testeen, nada es definitivo.

IDEA 33+1. PASAR A LA ACCIÓN

«Cambiar de respuesta es evolución.
Cambiar de pregunta es revolución».
Jorge Wagensberg

No quería finalizar este libro sin hacerte la gran pregunta: ¿cuál es tu primera aplicación sobre Innovación para pasar a la acción lo antes posible? ¿Cuál es tu primera aplicación de todo lo aprendido para empezar a crear una Experiencia de Empleado/a excepcional? Te invito a escribirla y diseñarla en este espacio.

Ejercicio 28. Diseña un proceso de innovación que quieras implementar

Debe incluir el diseño de la etapa de Empatía y las herramientas o mapas que utilizarás, el diseño de las sesiones de ideación y de prototipado y forma de testear. Puedes hacer un primer borrador no demasiado detallado.

BIBLIOGRAFÍA

En este apartado te queremos compartir una serie de libros. Están ordenados bajo un criterio personal. *Must* son los libros que consideramos que son imprescindibles de leer y que más valor te aportarán respecto a la agilidad y la innovación. *Should* son los libros que deberías leer si ya quieres entrar en especializarte en algún área. *Could* son los libros que puedes leerte y que te llevarán a un nivel superior de conocimiento, de dominio, de facilitación o de visión sistémica de la innovación.

Libros de HERRAMIENTAS DE INNOVACIÓN - MUST

Libros de EXPERIENCIA DE EMPLEADOS/AS

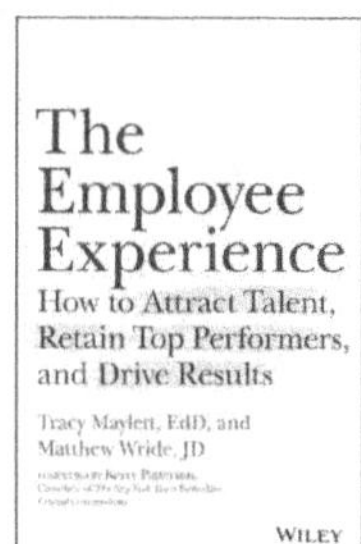

Las marcas registradas o logotipos mostrados en este libro son propiedad de sus respectivos dueños y son utilizadas únicamente con fines enunciativos o educativos.